A NOVA ERA DO CONSUMO
DE BAIXA RENDA

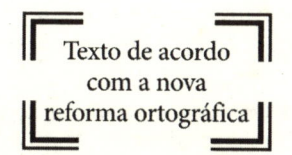

Texto de acordo
com a nova
reforma ortográfica

Sérgio Nardi

A NOVA ERA DO CONSUMO DE BAIXA RENDA

CONSUMIDOR, MERCADOS, TENDÊNCIAS E CRISE MUNDIAL

PREFÁCIO
ARQUITETO MARCELO ROSENBAUM

PARTICIPAÇÃO
SENADOR CRISTOVAM BUARQUE
&
PROFISSIONAIS DO MERCADO

SÃO PAULO 2009

Copyright © 2009 by Sérgio Nardi

PRODUÇÃO EDITORIAL: Equipe Novo Século
EDITORAÇÃO ELETRÔNICA: Fama Editora
CAPA: Reinaldo Feuhurber
PREPARAÇÃO DE TEXTO: Patricia Murari
REVISÃO: Edson Cruz

Dados Internacionais de Catalogação na Publicação (CIP)
(Câmara Brasileira do Livro, SP, Brasil)

Nardi, Sérgio
   A nova era do consumo de baixa renda : consumidor, mercados, tendências e crise mundial / Sérgio Nardi ; prefácio Marcelo Rosenbaum ; participação Cristovam Buarque... [et al]. – Osasco, SP : Novo Século Editora, 2009.

   Vários colaboradores.

   1. Consumidores de baixa renda – Comportamento 2. Consumo (Economia) 3. Marketing 4. Pesquisa de mercado I. Rosenbaum, Marcelo. II. Buarque, Cristovam. III. Título.

09-01194   CDD-658.8342

Índices para catálogo sistemático:

1. Consumidores de baixa renda : Comportamento :
   Administração de empresas 658.8342

2009
Proibida a reprodução total ou parcial.
Os infratores serão processados na forma da lei.
Direitos exclusivos para a língua portuguesa cedidos à
Novo Século Editora Ltda.
Rua Aurora Soares Barbosa, 405 – 2º andar
Osasco – SP – CEP 06023-010
Tel. (11) 3699-7107
www.novoseculo.com.br
atendimento@novoseculo.com.br

DEDICATÓRIA

Renata e Jeni, qualquer palavra é insignificante para representar a importância de vocês.

André e Sérgio, meus espelhos de garra, determinação e força.

Francisco, meu afilhado.

Gianluca, Anna Luiza e Leonardo, meus sobrinhos.

Em memória de Rosa Nardi.

AGRADECIMENTOS

A todos aqueles que sempre confiaram no meu trabalho e o apoiaram de forma intensa e participativa.

A todos que com paciência, companheirismo e senso profissional me auxiliaram no desenvolvimento deste projeto.

A Beth, que há anos tem sido meu braço direito, abrindo mão de seus momentos de folga para reunir e catalogar os dados e informações para o livro.

Aos profissionais da Future Negócios pelo conhecimento adquirido.

IMPORTANTE

O conteúdo, os posicionamentos, críticas e sugestões são de responsabilidade única e exclusiva do autor.

Todos os entrevistados e colaboradores desta obra são indicados nos devidos trechos, cabendo ao autor a utilização deste material a título de ilustração e complementação dos assuntos de sua autoria.

Não existe qualquer vínculo da obra com empresas ou aspectos políticos. O autor expressa a sua linha de raciocínio baseado em pesquisas realizadas junto ao público de baixa renda.

SUMÁRIO

Prefácio 13

PARTE 1 15

CAPÍTULO 1 — O Surgimento do mercado de baixa renda 19
    1.1 Inflação 19
    1.2 Plano Real 21
    1.3 Período de certificação 21
    1.4 Início do processo de consumo 22

CAPÍTULO 2 — Respeito acima de tudo 23
    2.1 Momentos de reflexão 23
    2.2 Preconceito 25
    2.3 Caso de preconceito 26
    2.4 Satisfação garantida ou seu serviço de volta 27

CAPÍTULO 3 — O consumidor de baixa renda 29
    3.1 A força do mercado de consumo de baixa renda 29
    3.2 O mercado consumidor de baixa renda em números 29

CAPÍTULO 4 — Marketing 44
    4.1 Importantes setores 44
    4.2 A ferramenta de marketing 45

CAPÍTULO 5 — O perfil psicológico do cliente de baixa renda 49
    5.1 Freud e a análise de consumo 49
    5.2 Complexo de inferioridade 51
    5.3 Consequências 53

CAPÍTULO 6 — O momento da compra 55
   6.1 O momento mágico da compra 55
   6.2 A importância do momento mágico da compra 55
   6.3 Etapas do momento mágico da compra 56

CAPÍTULO 7 — Crédito: O agente facilitador do consumo 58
   7.1 A antiga caderneta 58
   7.2 O crediário 60
   7.3 O cartão de crédito 61
   7.4 Financiando o crédito 63

PARTE 2 65

CAPÍTULO 8 — Comportamento, tendências & perspectivas do mercado 67
   8.1 Comportamento do consumidor 67
   8.2 Venda de eletroeletrônicos 68
   8.3 Produtos alimentícios 76
   8.4 Varejo farmacêutico 86
   8.5 Varejo calçadista 92
   8.6 Shopping Center 99
   8.7 Marcas próprias 100

PARTE 3 111

CAPÍTULO 9 — A riqueza na base da pirâmide 113
   9.1 A proposta do capitalismo inclusivo 113
   9.2 Ecossistemas participativos 114
   9.3 Gerando perspectivas 116
   9.4 Capitalismo 116
   9.5 Os números da base da pirâmide 117
   9.6 Densidade demográfica 120
   9.7 O difícil ecossistema 124
   9.8 Corrupção 129
   9.9 O poder do discernimento 135

9.10 A matemática 137
9.11 Dados sobre educação no Brasil 142
9.12 Educação 143
9.13 Educação como vetor 145

PARTE 4 151

CAPÍTULO 10 — Gestão estratégica de negócios 155
  10.1 Uma visão generalista do mercado consumidor de baixa renda . 155
  10.2 Análise de mercado 157

CAPÍTULO 11 – As sempre novas ferramentas de marketing 163
  11.1 As sempre novas ferramentas de marketing e comunicação para o consumidor de baixa renda 163

CAPÍTULO 12 – Potenciais riscos do mercado 167
  12.1 Indícios do mercado 167
  12.2 Economia 173

Considerações Finais 180
Referências Bibliográficas 183

PREFÁCIO

A ARTE E A INCLUSÃO TRANSFORMAM O SER HUMANO*

* Marcelo Rosenbaum é *designer*, responsável pelo escritório Rosenbaum.

Minha vontade de trabalhar com as classes menos favorecidas vêm de muito tempo, talvez de sempre. Não considero algo especial ou extraordinário. Para mim, é natural e intuitivo e por isso faz parte do meu dia a dia.

Desde 1998, direciono meu trabalho para a adequação de formatos e projetos de reaproveitamento, como que para educar a população de baixa renda com o princípio de que é possível além do baixo preço, agregar conforto e qualidade de vida.

Tenho tido significativas oportunidades de expressar esse pensamento por projetos de boa repercussão, que acabam multiplicando as possibilidades de realização com cada vez mais consistência. O prazer está justamente em ver o trabalho transformando a vida das pessoas.

Já fui chamado de arquiteto dos pobres e arquiteto dos manos e dos *playboys*. Nesse caso, o rótulo não me incomoda em nada. O que realmente importa é que a minha possibilidade de transitar nos dois mundos, só tem facilitado a concretização dos projetos em favor da aproximação entre a riqueza da raiz brasileira e das elites econômicas e culturais. É preciso estar constantemente atento ao entorno.

Fazer o quadro Lar Doce Lar, dentro do programa *Caldeirão do Huck*, com o alcance e penetração que uma emissora de televisão como a Rede Globo tem, é uma dessas grandes oportunidades que eu tenho a felicidade de ter, de democratizar o *design* em massa. Cada casa entregue é um troféu conquistado em nome do morar com dignidade, que inclui recursos e certa dose de *glamour*, por que não? Como disse Joãozinho Trinta, "quem gosta de pobreza é intelectual, pobre gosta de *glamour*."

Hoje, os objetos destinados ao consumidor de baixa renda ainda são produzidos a partir de padrões de luxo, o que efetivamente não funciona e só traz frustração. Na prática, o sofá não cabe na sala do apartamento e a cama atravanca a porta do armário. Isso seria engraçado, se não fosse pura verdade.

Este momento de aquecimento do consumo da população de baixa renda é a hora de unir forças entre o consumidor e o fabricante, para o favorecimento real de ambos. Projetar uma produção adequada, legitimada pelas condições reais de vida desta faixa. O meu ideal vai além do desenho dos móveis, acredito nessa atuação ampla que confere bem-estar e bem-viver para mais gente. Acho que é isso que transforma o ser humano.

PARTE 1

Nós últimos anos o mercado começa a dar atenção especial a um novo tipo de consumidor, o de baixa renda.

Diversidade de crédito, adaptação de formatos, produtos e serviços, customização do atendimento, *layout*, *design* especial, serviços de entrega, pós-venda, cartões com bandeira própria, um arsenal de ferramentas para fidelizar o consumidor que timidamente inseriu-se no mercado de consumo nacional há pouco mais de dez anos ou a partir do Plano Real em 1994 e, de lá para cá, tornou-se a queluche do mercado brasileiro.

Ainda que timidamente no início e efetivamente participando da dinâmica de consumo a partir de 2000. O consumidor de baixa renda vem exigindo uma rápida velocidade de resposta dos profissionais do mercado.

Essa parcela de consumidores constitui um *case* de mercado para as empresas do ponto de vista administrativo, de vendas, marketing, logística e em relação aos fundamentos econômicos e reflexos diretos na economia como um todo.

O consumidor de baixa renda, apesar de seu caráter simples começa a exigir do mercado um entendimento mais profundo e interações mais complexas, as quais devem ser minuciosamente analisadas a fim de que um produto ou serviço continue a obter inserção e a provocar fascinação nessa fatia do mercado.

Apesar da relevância que ganhou na última década, apenas nos últimos anos o mercado passou a ser discutido e analisado. O resultado é a inexistência de literatura ou referência mais abrangente sobre o assunto.

A Nova Era do Consumo de Baixa Renda reúne pesquisas e análises desde 2002 e fornece aos profissionais de mercado uma visão geral a respeito do consumidor de baixa renda, ao mesmo tempo em que disponibiliza dados que posicionam esse consumidor dentro do atual cenário de consumo nacional.

Marketing para o Varejo de Baixa Renda (Editora Novo Século, 2006), buscava através das ferramentas de marketing uma otimização de recursos e esforços em busca da maximização dos lucros frente ao consumidor de baixa renda. **A Nova Era do Consumo de Baixa Renda** tem uma visão voltada para o mercado e abre discussões de como esse consumidor se comporta no contexto do consumo nacional.

As interações com vendas e com marketing são essenciais, pois ajudam a entender o consumidor, sua dinâmica de compra, as ferramentas mais eficientes e as técnicas que melhor persuadem esse consumidor no ato da compra.

O livro está dividido em quatro partes:

1 — O consumidor de baixa renda, quem é esse consumidor, seu real poder de compra, como se comporta, erros e acertos no relacionamento entre cliente e empresa, enfim as relações pessoais entre consumidor e mercado.

2 — Análise de mercado em diversos setores da economia.

Cada ramo de atividade revela peculiaridades no processo de venda para o consumidor de baixa renda. Relacionamento, fomento de crédito, perspectivas, tendências e comportamento do consumidor são motivos de análise mais aprofundada dentro de cada ramo de atuação.

3 — A teoria da erradicação da pobreza do economista americano Prahalad, modelo e possibilidade de implantação na realidade nacional, os diversos fatores que influenciam a criação do modelo ideal.

Meios de consolidar o mercado de consumo de baixa renda a longo prazo de maneira mais coerente e consciente.

4 — Planejamento para inserção de produtos e serviços voltados para a baixa renda, fatores que devem ser observados e analisados antes da criação de novos modelos para o mercado.

A administração deve ter visão de trezentos e sessenta graus para o monitoramento constante da economia nacional e internacional.

As ferramentas de marketing e vendas mais assertivas a fim de continuar a encantar o consumidor de baixa renda e manter o ritmo de crescimento constante das vendas para essa fatia de mercado.

Além de uma visão geral da crise econômica internacional e seus reflexos perante o mercado.

A Nova Era do Consumo de Baixa Renda é de linguagem fácil e procura conscientizar os profissionais no nível estratégico e servir de ferramenta útil para o dia a dia dos profissionais nos níveis tático e operacional, fomentando a discussão sobre o consumo de baixa renda, que em poucos anos transformou o cenário varejista e o consumo nacional.

CAPÍTULO 1

O SURGIMENTO DO MERCADO DE BAIXA RENDA

1.1 INFLAÇÃO

Segundo o site da Secretaria da Fazenda em 1992, somente quatro países no mundo tiveram inflação superior a 1.000 por cento: a Rússia, a Ucrânia, o Zaire e o Brasil. A diferença é que nos outros três países a superinflação é o resultado de uma economia destroçada. No Brasil, não. Apesar de debilitada pela longa recessão, a economia brasileira continua vigorosa, como demonstram o crescimento das exportações, o aumento da produtividade da indústria, a expansão da fronteira agrícola e a retomada do crescimento do PIB (Produto Interno Bruto) nos últimos meses.

A economia brasileira está sadia, mas o governo está enfermo. O diagnóstico sobre a causa fundamental da doença inflacionária já foi feito. Resultado da desordem financeira e administrativa do setor público, com seus múltiplos sintomas:

• penúria de recursos para o custeio dos serviços básicos e para os investimentos do governo que são indispensáveis ao desenvolvimento do país;

• vazamento dos parcos recursos da República pelos ralos do desperdício, da ineficiência, da corrupção, da sonegação e da inadimplência;

• endividamento descontrolado dos Estados, Municípios e bancos estaduais; e

- exacerbação dos conflitos distributivos em todos os níveis. (PAI – Programa de Ação Imediata, de julho de 1993, de responsabilidade do então ministro da Fazenda Fernando Henrique Cardoso).

O Programa de Ação Imediata, que antecipava e preparava o povo e a nação para a reforma econômica denominada Plano Real demonstrava o colapso em que a economia brasileira se encontrava.

Era a época da hiperinflação, onde o preço referencial de um serviço ou produto significava um valor monetário de algumas horas, ou seja, os reajustes de preço passavam assustadoramente de uma frequência mensal para semanal, de semanal para diária até o incrível limite de apenas algumas horas entre um reajuste e outro.

Tempos de *hedge* constante do dinheiro pelo câmbio paralelo do dólar e dos inúmeros artifícios financeiros, como o falecido e famoso *over night*.

Tempos quando as empresas e os produtos não tinham muito espaço para interagir com o consumidor, pois o que importava era a velocidade para consumir imediatamente, a fim de que o dinheiro não desvalorizasse na mão impedindo a efetivação da transação.

Era a corrida desenfreada do consumo de longo prazo, onde o consumidor se via obrigado a comprar enormes quantidades de produtos para garantir o consumo da família naquele período. Normalmente tais compras eram efetuadas nas datas seguintes ao pagamento, tudo milimetricamente composto para minimizar ao máximo as perdas diárias que a moeda sofria.

O ciclo vicioso já era complicado e prejudicial para a classe média e alta. Para a de baixa renda era devastador.

Durante décadas de inflação o consumidor de baixa renda praticamente inexistiu a não ser para o consumo de bens básicos, que atendiam as suas necessidades fisiológicas mínimas.

Via-se obrigado a comprar e consumir tudo o mais rápido possível, pois essa parcela da população jamais teve acesso a mecanismos de *hedge* para o próprio dinheiro.

Assim, podemos dizer que o consumidor de baixa renda sempre existiu, mas que por força de uma situação econômica desfavorável estava fora da dinâmica de consumo de uma maneira ampla como a atual.

1.2 PLANO REAL

Segundo dados do site da Secretaria da Fazenda Nacional, o programa brasileiro de estabilização econômica é considerado o mais bem-sucedido de todos os planos lançado para combater casos de inflação crônica. Combinaram-se condições políticas, históricas e econômicas para permitir que o Governo brasileiro lançasse, ainda no final de 1993, as bases de um programa de longo prazo. Organizado em etapas, o plano resultaria no fim de quase três décadas de inflação elevada e na substituição da antiga moeda pelo Real, a partir de primeiro de julho de 1994.

A inflação foi dominada sem congelamentos de preços, confisco de depósitos bancários ou outros artificialismos da heterodoxia econômica e a economia brasileira voltou a crescer rapidamente, obrigando o Ministério da Fazenda a optar por uma política de restrição à expansão da moeda e do crédito, a fim de garantir que, na etapa seguinte, o Brasil pudesse registrar taxas de crescimento econômico autossustentável, viabilizando a retomada do crescimento com distribuição da renda.

No final de junho de 1994, o Governo Federal editou um conjunto de medidas econômicas que ficaria conhecido como Plano Real, cujos reflexos positivos ainda permeiam a atual política econômica, que vem sendo tratada pelos governos sucessores na mesma linha de trabalho implementada pelo Real.

Mas não só a economia foi beneficiada pela estabilização da moeda e estagnação da inflação. O Plano Real foi o divisor de águas também no tocante ao consumo de baixa renda.

Pela estabilização econômica esse consumidor passou a aferir sobras no orçamento familiar que se transformariam em possibilidade de inserção no consumo de uma maneira mais efetiva.

1.3 PERÍODO DE CERTIFICAÇÃO

A transição da inflação para a estabilização da moeda em relação ao consumo e, mais especificamente, do consumo de baixa renda exigiu algum tempo de adaptação.

Como todo brasileiro, o consumidor de baixa renda estava habituado a pacotes financeiros e mudanças bruscas na economia que não passavam de paliativos que, após algum tempo, mostravam-se inócuos em situações reais de longo prazo.

Em decorrência desses fatores a implantação do Plano Real foi cercada de desconfianças, e os primeiros anos de estabilização da moeda não foram suficientes para incentivar os cidadãos a grandes investimentos.

Se o cidadão da classe média-alta ainda desconfiava, imagine aquele para o qual sobras de orçamento, dinâmica de consumo e possibilidade de crédito eram palavras inexistentes em seu vocabulário.

Esse período de amadurecimento do mercado é o período de certificação, que vai do Plano Real até, mais ou menos a virada do século, ou seja, 2000.

Nesses anos iniciais, o consumidor de baixa renda despertou da inconsciência para uma fase de entendimento das suas possibilidades e de confiança para interagir no novo mundo que desabrochava em seu entorno.

Esse período não registra grandes movimentos de consumo por parte da parcela menos favorecida da população. Somente a partir do ano de 2000, movimentos reais e mais constantes de consumo passam a ser percebidos definindo as características de consumo de baixa renda com maior clareza.

1.4 INÍCIO DO PROCESSO DE CONSUMO

A partir da virada do século e início dos anos 2000, o mercado de baixa renda começa a interagir de maneira mais incisiva no cenário de consumo nacional, mas nem todo o varejo, empresas e produtos percebem a relevância desse movimento para o direcionamento da economia. Apenas alguns poucos apostam nessa fatia de mercado.

Não podemos falar de baixa renda sem mencionar a Casas Bahia, que apostou nessa parcela de consumidores, estabelecendo recordes seguidos de vendas e consolidando um modelo vitorioso de gestão baseado no consumidor de baixa renda.

CAPÍTULO 2

RESPEITO ACIMA DE TUDO

2.1 MOMENTO DE REFLEXÃO

- *Todas as pessoas nascem livres e iguais em dignidade e direitos. São dotadas de razão e consciência e devem agir em relação umas às outras com espírito de fraternidade.*
- *Toda pessoa tem capacidade para gozar os direitos e as liberdades estabelecidos nesta Declaração, sem distinção de qualquer espécie, seja de raça, cor, sexo, língua, religião, opinião política ou de outra natureza, origem nacional ou social, riqueza, nascimento, ou qualquer outra condição.*
- *Toda pessoa tem direito à vida, à liberdade e à segurança pessoal.*
- *Toda pessoa tem o direito de ser, em todos os lugares, reconhecida como pessoa perante a lei.*
- *Todos são iguais perante a lei e têm direito, sem qualquer distinção, a igual proteção da lei. Todos têm direito a igual proteção contra qualquer discriminação que viole a presente Declaração e contra qualquer incitamento a tal discriminação.*
- *Ninguém será arbitrariamente preso, detido ou exilado.*
- *Toda pessoa tem direito à liberdade de locomoção e residência dentro das fronteiras de cada Estado.*
- *Toda pessoa tem direito à liberdade de pensamento, consciência e religião; este direito inclui a liberdade de mudar de religião ou crença e a liberdade de manifestar essa religião ou crença, pelo ensino, pela prática, pelo culto e pela observância, isolada ou coletivamente, em público ou em particular.*

- *Toda pessoa tem direito à liberdade de opinião e expressão; este direito inclui a liberdade de, sem interferência, ter opiniões e de procurar, receber e transmitir informações e ideias por quaisquer meios e independentemente de fronteiras.*
- *Toda pessoa tem direito a repouso e lazer, inclusive a limitação razoável das horas de trabalho e férias periódicas remuneradas.*
- *Toda pessoa tem direito à instrução. A instrução será gratuita, pelo menos nos graus elementares e fundamentais. A instrução elementar será obrigatória. A instrução técnico-profissional será acessível a todos, bem como a instrução superior, esta baseada no mérito.*

A presente Declaração Universal dos Direitos Humanos como ideal a ser atingido por todos os povos e, com o objetivo de que cada indivíduo e cada órgão da sociedade se esforce, pelo ensino e educação, por promover o respeito a esses direitos e liberdades, e, pela adoção de medidas de caráter nacional e internacional, por assegurar o seu reconhecimento e observância entre os povos dos próprios Estados-Membros e dos territórios sob sua jurisdição.(Declaração Universal dos Direitos Humanos, adotada e proclamada pela Resolução 217 A (III) da Assembléia Geral das Nações Unidas, em 10 de dezembro de 1948).

Pode parecer estranha essa reflexão em um livro voltado ao mercado de consumo de baixa renda, mas ela se faz necessária, para reafirmar que se conseguirmos executar um pouquinho do que está escrito na Declaração, estaremos contribuindo com a nossa parte para um mundo melhor.

É pertinente conscientizar o leitor de que todos são iguais no mundo das vendas e que todo consumidor deve ter um atendimento digno, sem distinção de raça, credo ou capacidade econômica.

As empresas que colocarem à disposição do consumidor de baixa renda toda a sua estrutura e funcionalidade para ajustar e melhorar o comércio e a relação com o consumidor das populações menos favorecidas, onde estiver e seja ele quem for, perceberão, nos números e resultados, o potencial de incremento que o consumidor de baixa renda proporcionará à organização.

O descaso e o atendimento displicente ou preconceituoso para com essa parcela da população gerarão uma experiência negativa e irreparável de imagem da organização perante o consumidor.

A Declaração Universal dos Direitos Humanos é apenas pano de fundo para uma abordagem de extrema importância: o preconceito para com o consumidor de baixa renda.

2.2 PRECONCEITO

Segundo Houaiss (2004), Preconceito — etimologia pré + conceito, qualquer opinião ou sentimento, favorável ou desfavorável, sem exame crítico, *a priori*, sem maior conhecimento, ponderação ou razão; atitude, sentimento ou parecer insensato, de natureza hostil, assumido em consequência da generalização apressada de uma experiência pessoal ou imposta pelo meio; intolerância.

A consideração de preconceito e sua relação com a Declaração Universal dos Direitos Humanos visa extirpar conceitos arraigados na sociedade que afetam o trabalho com essa parcela de consumidores.

Existe uma imensa lista de ocorrências de casos de preconceito nesse mercado e, mais ainda, o desconforto e a insatisfação dos profissionais de marketing e vendas quando direcionados para o estudo e atendimento de consumidores "pobres".

No mercado de baixa renda não existe *glamour* que desafie esses profissionais, as ações contêm um grau de dificuldade muito maior do que para outras camadas de consumo.

O profissional deve ter bem claro que o mercado de baixa renda possibilita um crescimento exponencial e a sua lucratividade em escala, muitas vezes, supera em muito mercados mais maduros e consolidados, como mostra a equação.

EQUAÇÃO 1

$$\frac{\text{Lucro aferido em um mercado}}{\text{Esforço empregado nesse mercado}} > 1$$

É primordial que os profissionais estejam cientes das dificuldades iniciais e da necessidade de, ao longo do processo, desenvolver abordagem, produtos, serviços e atendimento diferenciados para essa parcela da população.

O consumo de baixa renda é um mercado novo que começa a ser explorado, e desde já, demonstra características específicas, necessidades individuais e abordagem diferenciada de outros mercados.

Podemos resumir e exemplificar as dificuldades, diferenças e nuances através do profissional de marketing.

O profissional de marketing analisa, prepara e realiza o lançamento de um determinado produto. No mercado de consumo das classes A e B, realiza viagens pelas diversas capitais, entrevistas e degustações, para definir as mídias de veiculação e realizar o lançamento, normalmente um grande evento circundado de pompa, celebridades e mídia.

O mesmo trabalho, no mercado consumidor de baixa renda, exige incursões em favelas e convivência continuada no ecossistema desses consumidores, ou seja, em barracos e cortiços, entrevistas em lugares inóspitos e com permissão das autoridades, entenda-se aqui chefões do tráfico, prostituição e jogo, para idealizar o formato do produto ou serviço a ser lançado, normalmente com muito menos *glamour*.

As recompensas devem estar mais focadas em lucratividade, aumento de margens, consolidação de mercado, ativos mais perceptíveis aos números da organização, que refletirão em sua carreira profissional, que em aspectos intangíveis, como reconhecimento imediato das suas ações e exposição pessoal na organização (marketing pessoal).

2.3 CASO DE PRECONCEITO

O preconceito deve ser repudiado veementemente em todas as circunstâncias, lugares e contra toda e qualquer pessoa.

Dentro de uma organização ele pode se tornar letal à imagem corporativa e prejudicar sensivelmente os resultados financeiros.

Entre os inúmeros casos de preconceito para com o consumidor de baixa renda, veremos um exemplo.

Uma empresa disponibilizou o pagamento para os seus funcionários de produção em uma instituição financeira, o que não era habitual.

Em grupos de 10 funcionários, uniformizados, pois estavam em horário regulamentar de serviço, eram liberados para realizar o saque no banco.

Chegando ao banco, os funcionários (todos) foram barrados na porta giratória, retiraram todos os pertences dos bolsos e mesmo assim a entrada era impedida pelo dispositivo de segurança. Depois de cerca de trinta minutos de discussão com os seguranças, descobriu-se o problema. Eram as biqueiras metálicas das botas.

Resolvido o mal-entendido, a solução mais óbvia seria a entrada, o que não ocorreu. Tiveram que deixar as botas e pertences do lado de fora do banco!

Ao retornarem a empresa, o sentimento era de revolta e o nome da instituição financeira era propagado aos quatro cantos da empresa de maneira pejorativa com juras de jamais retornar àquele banco.

Preconceito? Sim

Abuso de autoridade? Sim

Descaso pelo consumidor? Sim

Tudo ao mesmo tempo. Mas que dano à imagem do banco o episódio causou?

A história reverberou por muitos dias e para muitos consumidores, reforçando a imagem negativa do banco.

A experiência de consumo, um dos aspectos fundamentais de aproximação entre empresa e consumidor de baixa renda, quando não satisfatória ou desagradável, é danoso e, por vezes, irremediável à imagem corporativa.

Uma experiência negativa é sempre compartilhada com outras pessoas que ajudarão a reforçar o descrédito da instituição, empresa, produto ou serviço.

A dignidade e o respeito caminham lado a lado com o consumo de baixa renda e, quando algum desses pilares é atingido, o efeito pode não ser imediato, mas custará caro a qualquer empresa no longo prazo.

A informação se propagará lenta, mas consistentemente pelo sistema de comunicação mais popular e eficaz dessa parcela da população, o boca a boca.

2.4 SATISFAÇÃO GARANTIDA OU SEU SERVIÇO DE VOLTA

Parafraseando o *slogan* "Satisfação garantida ou o seu dinheiro de volta" mostra um tópico importante no trabalho voltado ao consumidor de baixa renda, que é o grau de satisfação dos profissionais depois de interagir, compreender e trabalhar continuamente em processos voltados ao consumo de massa.

As dificuldades são muitas, o reconhecimento é demorado e limitado aos números, mas o fator satisfação torna-se relevante e deve ser registrado.

Esse consumidor é simples, suas compras invariavelmente atendem a desejos e sonhos. Sempre que um profissional atende as suas expectativas, respeitando-o de igual para igual e conferindo-lhe importância, o consumidor torna-se imensamente grato, incluindo esse profissional em seu convívio.

O carinho, a dedicação e o grau de fidelização são diretamente proporcionais à atenção que se despende a eles, uma recompensa inusitada e altamente satisfatória ao profissional.

Em entrevista exclusiva, Marcelo Rosenbaum afirma:

> ... entrar em contato com a realidade é uma questão de sobrevivência, não é nem se adaptar. E na verdade são essas pessoas que são felizes. São solidários. Todos têm comunidade, eu trabalho em lugares que a vizinhança é presente...

CAPÍTULO 3

O CONSUMIDOR DE BAIXA RENDA

3.1 A FORÇA DO MERCADO DE CONSUMO DA BAIXA RENDA

Gradativamente o consumidor de baixa renda incorpora a prática de consumo de bens, produtos e serviços, o que no contexto macroeconômico, propicia números expressivos, e essenciais para o desenvolvimento de qualquer economia, seja no Brasil, na América Latina ou em qualquer parte do mundo.

De acordo com estimativas da Comissão Econômica para a América Latina e o Caribe (Cepal, 2007), o potencial da América Latina para o consumo de baixa renda engloba 301 milhões de pessoas.

O Brasil é responsável por pouco mais da metade da população de baixa renda apta para o consumo.

Esse exército de consumidores representam cerca de 87% da população brasileira, o que significa dizer que 52 milhões de lares pertencem a famílias de baixa renda.

O consumo dessa parcela da população tornou-se tão expressivo, que só em 2006, movimentou por volta de R$ 530 bilhões e, em 2007 atingiu a marca de cerca de R$ 550 bilhões.

3.2 O MERCADO CONSUMIDOR DE BAIXA RENDA EM NÚMEROS

Quem são, onde estão e como se dividem os consumidores da base da pirâmide?

Os gráficos da Síntese de Indicadores Sociais do IBGE, baseados na Pesquisa Nacional por Amostra de Domicílios PNAD (2007), apontam o tamanho e a potencialidade do consumidor de baixa renda.

Tabela 1 — Domicílios particulares permanentes urbanos, total e respectiva distribuição percentual, por classes de rendimento mensal domiciliar *per capita*, segundo as Grandes Regiões, Unidades da Federação e Regiões Metropolitanas — 2006

Grandes Regiões, Unidades da Federação e Regiões Metropolitanas	Domicílios particulares permanentes urbanos						
	Total (1000 domicílios) (1)	Distribuição percentual, por classes de rendimento mensal domiciliar *per capita* (salário mínimo) (%)					
		Até 1/2	Mais de 1/2 a 1	Mais de 1 a 2	Mais de 2 a 3	Mais de 3 a 5	Mais de 5
Brasil	**46 327**	**20,6**	**27,5**	**25,3**	**9,6**	**7,0**	**6,9**
Norte	**2 879**	**32,5**	**31,6**	**20,3**	**6,2**	**4,2**	**3,4**
Rondônia	299	26,2	30,7	22,7	8,3	6,7	4,3
Acre	119	32,1	26,5	19,1	7,9	6,2	6,6
Amazonas	637	29,8	31,3	22,5	6,9	4,1	3,9
Roraima	83	30,0	25,6	19,9	7,6	5,4	4,2
Pará	1 340	35,5	32,7	18,4	4,9	3,4	3,0
Região Metropolitana de Belém	523	31,0	29,8	21,0	5,8	4,6	4,9
Amapá	134	31,1	31,5	22,4	7,4	5,5	1,6
Tocantins	268	32,4	31,5	21,8	6,9	4,0	2,5
Nordeste	**10 152**	**39,0**	**30,5**	**16,5**	**4,9**	**3,5**	**3,5**
Maranhão	1 025	43,8	30,5	13,5	4,4	2,7	3,0
Piauí	497	37,7	28,6	19,1	6,0	4,4	3,2
Ceará	1 704	40,9	30,2	16,3	4,0	3,6	2,9
Região Metropolitana de Fortaleza	901	35,0	30,0	18,0	4,9	5,1	4,3
Rio Grande do Norte	618	35,7	31,2	18,9	5,2	3,7	4,9
Paraíba	782	38,7	33,4	15,7	4,2	3,7	3,8
Pernambuco	1 856	38,9	30,4	15,7	5,0	3,2	3,8
Região Metropolitana de Recife	1 033	34,8	28,8	17,0	5,9	4,7	5,4
Alagoas	546	47,1	26,8	13,2	4,0	3,3	4,3
Sergipe	470	38,0	32,1	15,6	5,7	3,1	4,5
Bahia	2 655	35,6	30,4	18,3	5,6	3,9	3,3
Região Metropolitana de Salvador	999	27,3	28,9	20,4	7,6	5,6	5,7
Sudeste	**22 721**	**13,6**	**25,9**	**28,2**	**11,3**	**8,2**	**8,4**
Minas Gerais	4 912	19,3	30,8	26,8	8,7	6,4	5,7
Região Metropolitana de Belo Horizonte	1 471	17,1	25,6	26,9	10,3	7,5	9,0
Espírito Santo	877	19,2	30,0	25,3	9,4	7,5	6,4
Rio de Janeiro	4 999	13,3	25,1	27,4	10,4	8,0	9,7

Região Metropolitana do Rio de Janeiro	3 901	12,5	23,9	27,2	10,4	8,4	10,7
São Paulo	11 933	11,0	24,0	29,2	12,8	9,2	9,1
Região Metropolitana de São Paulo	5 745	11,3	21,7	27,4	13,0	9,1	10,7
Sul	**7 156**	**12,5**	**25,6**	**30,8**	**12,7**	**9,1**	**7,7**
Paraná	2 709	15,1	27,8	29,8	11,0	8,2	7,0
Região Metropolitana de Curitiba	900	11,8	24,1	29,8	13,1	9,9	9,7
Santa Catarina	1 529	7,2	24,4	32,9	15,1	10,8	7,9
Rio Grande do Sul	2 918	13,0	24,2	30,5	12,9	9,0	8,3
Região Metropolitana de Porto Alegre	1 279	11,4	22,2	29,9	12,4	9,9	11,2
Centro-Oeste	**3 419**	**18,8**	**29,5**	**25,8**	**8,9**	**6,7**	**7,9**
Mato Grosso do Sul	586	18,7	31,6	27,2	8,8	6,6	5,8
Mato Grosso	637	20,5	32,2	25,7	9,7	5,1	5,7
Goiás	1 537	20,3	32,4	27,1	8,1	5,5	4,3
Distrito Federal	659	13,7	18,3	21,6	10,2	11,3	20,3

Fonte: IBGE, Pesquisa Nacional por Amostra de Domicílios, 2006.
(1) Inclusive os domicílios sem declaração de rendimento e sem rendimento.

Na tabela 1 verificamos que no Brasil existem mais de 46 milhões de domicílios, dos quais 83% pertencem à base da pirâmide, ou seja, têm rendimento *per capita* de menos de 3 salários mínimos.

A região Sudeste apresenta o maior número de domicílios com mais de 22 milhões de lares, o dobro da segunda região com mais domicílios, o Nordeste, com cerca de 10 milhões de lares.

Essas duas regiões apresentam uma polarização entre a região mais rica do Brasil com uma população dentro da faixa de baixa renda na casa dos 79%, puxando a média nacional para baixo, e a região mais pobre do Brasil com 90,9% da população pertencente à faixa de consumo de baixa renda, elevando a média nacional.

A análise da Tabela mostra um Brasil extremamente pobre, considerando as regiões Norte e Nordeste, que, juntas, têm uma média de 90,75% dos domicílios pertencentes à baixa renda, e um Brasil não rico, mas menos sufocante, que reúne a região Centro-Oeste, Sul e Sudeste. Nessas regiões os domicílios pertencentes à baixa renda possuem índices de renda maiores que os do Norte/Nordeste.

Tabela 2 — Domicílios particulares permanentes urbanos, total e proporção dos domicílios com serviços de saneamento, por classes de rendimento médio mensal domiciliar *per capita*, segundo as Grandes Regiões, Unidades da Federação e Regiões Metropolitanas — 2006

Grandes Regiões, Unidades da Federação e Regiões Metropolitanas	Domicílios particulares permanentes urbanos							
	Total (1 000 domicílios) (1)	Proporção com serviços de saneamento (%) (2)						
		Total	Classes de rendimento médio mensal domiciliar *per capita* (salário mínimo)					
			Até 1/2	Mais de 1/2 a 1	Mais de 1 a 2	Mais de 2 a 3	Mais de 3 a 5	Mais de 5
Brasil	46 327	61,5	40,2	56,0	67,8	76,1	78,3	81,9
Norte	2 879	10,5	6,1	8,4	12,1	17,0	23,4	30,0
Rondônia	299	6,2	1,8	2,1	9,0	11,4	17,7	21,8
Acre	119	23,2	12,3	19,4	30,3	30,0	36,2	48,0
Amazonas	637	5,2	2,2	6,2	5,8	13,0	7,2	3,8
Roraima	83	19,1	10,2	14,9	27,9	22,5	39,3	45,5
Pará	1 340	12,3	7,4	9,8	14,4	17,9	31,2	44,6
Região Metropolitana de Belém	523	28,3	18,0	24,2	29,8	35,8	55,0	66,4
Amapá	134	1,9	2,1	0,5	1,4	4,3	2,9	10,0
Tocantins	268	14,7	9,6	11,5	15,5	29,3	40,4	33,4
Nordeste	10 152	34,5	26,2	33,8	40,5	49,5	53,7	60,7
Maranhão	1 025	18,3	13,8	14,3	21,6	38,9	36,4	59,5
Piauí	497	8,3	4,7	3,3	10,3	20,7	21,4	38,7
Ceará	1 704	31,7	22,0	31,9	37,1	52,2	58,6	70,3
Região Metropolitana de Fortaleza	901	46,4	35,2	44,0	53,3	65,0	64,0	80,2
Rio Grande do Norte	618	23,7	20,9	21,5	29,4	25,0	32,7	28,1
Paraíba	782	42,2	32,5	41,3	47,7	67,6	60,3	82,8
Pernambuco	1 856	44,7	34,4	44,4	51,9	61,6	70,4	72,8
Região Metropolitana de Recife	1 033	39,2	26,0	34,1	44,7	59,8	69,5	75,5
Alagoas	546	13,8	8,0	11,4	21,9	21,7	23,7	51,0
Sergipe	470	48,5	41,7	53,3	50,9	53,3	59,5	54,1
Bahia	2 655	42,3	34,3	41,4	48,8	54,3	59,8	58,1
Região Metropolitana de Salvador	999	40,0	31,5	38,3	42,9	47,4	53,7	51,9
Sudeste	22 721	84,0	70,0	80,7	86,3	91,3	91,2	92,4
Minas Gerais	4 912	81,6	67,8	80,1	85,4	92,2	90,7	92,5
Região Metropolitana de Belo Horizonte	1 471	83,5	67,0	78,3	86,8	93,2	96,8	94,7
Espírito Santo	877	68,2	58,8	65,8	70,0	78,0	77,3	73,3

Rio de Janeiro	4 999	77,1	65,0	70,6	78,0	83,5	86,5	91,1
Região Metropolitana do Rio de Janeiro	3 901	82,7	71,0	77,2	83,1	89,2	90,0	95,3
São Paulo	11 933	89,1	75,5	86,9	90,9	94,5	93,9	94,0
Região Metropolitana de São Paulo	5 745	83,8	65,2	77,7	85,1	92,2	93,3	93,3
Sul	**7 156**	**60,6**	**45,7**	**51,6**	**61,2**	**68,4**	**74,1**	**81,5**
Paraná	2 709	62,1	43,1	54,3	63,9	74,6	79,9	85,4
Região Metropolitana de Curitiba	900	83,6	72,3	78,3	83,3	89,8	90,6	96,8
Santa Catarina	1 529	55,5	38,6	44,3	54,1	63,7	68,4	75,6
Rio Grande do Sul	2 918	61,9	50,6	52,7	62,7	66,3	72,6	81,3
Região Metropolitana de Porto Alegre	1 279	80,2	66,0	72,9	80,8	86,7	89,3	90,8
Centro-Oeste	**3 419**	**37,2**	**24,9**	**30,1**	**39,0**	**49,5**	**53,1**	**55,9**
Mato Grosso do Sul	586	17,5	8,9	11,2	16,9	28,4	31,5	50,4
Mato Grosso	637	18,1	8,1	13,7	19,9	29,3	31,7	38,9
Goiás	1 537	35,0	20,9	29,9	39,7	53,1	52,1	54,2
Distrito Federal	659	78,1	82,6	88,2	83,6	77,6	74,9	62,9

Fonte: IBGE, Pesquisa Nacional por Amostra de Domicílios, 2006.
(1) Inclusive os domicílios sem declaração de rendimento e sem rendimento. (2) Domicílios com condições simultâneas de abastecimento de água por rede geral, esgotamento sanitário por rede geral e lixo coletado diretamente.

A Tabela 2 mostra a relação entre saneamento e renda per capita da população.

Excetuando a região Sudeste, que apresenta níveis satisfatórios, a média de saneamento para a parcela de baixa renda está abaixo dos 50%.

Sendo o saneamento uma necessidade básica independentemente da faixa de renda, temos uma ideia das dificuldades que essa parcela da população enfrenta em relação a outras coisas corriqueiras.

Tabela 3 — Domicílios particulares permanentes urbanos, total e proporção dos domicílios, por acesso a alguns serviços e posse de alguns bens duráveis, segundo as Grandes Regiões, Unidades da Federação e Regiões Metropolitanas — 2006

Grandes Regiões, Unidades da Federação e Regiões Metropolitanas	Domicílios particulares permanentes urbanos								
	Total (1 000 domicílios)	Proporção, por acesso a alguns serviços (%)			Proporção, por posse de alguns bens duráveis (%)				
		Iluminação elétrica	Telefone fixo	Internet	Computador	Geladeira	Freezer	TV em cores	Máquina de lavar
Brasil	46 327	99,7	53,4	19,6	25,5	93,3	16,1	94,8	42,2
Norte	2 879	99,2	31,6	7,7	12,4	87,8	13,5	91,9	22,7
Rondônia	299	99,5	35,7	11,9	15,9	93,9	16,4	91,6	21,0
Acre	119	99,6	36,9	11,2	15,7	92,2	14,5	93,5	19,4
Amazonas	637	99,6	37,0	8,8	13,6	93,6	14,9	96,1	36,8
Roraima	83	99,2	37,3	8,8	13,6	92,7	12,4	92,3	31,2
Pará	1 340	99,2	27,5	6,0	10,7	83,4	11,5	90,6	18,1
Região Metropolitana de Belém	523	99,9	45,0	11,3	16,3	87,5	16,6	95,1	30,2
Amapá	134	99,7	32,6	6,1	11,6	87,9	29,2	93,7	28,9
Tocantins	268	97,6	30,8	7,3	12,9	85,7	8,9	86,7	9,0
Nordeste	10 152	99,4	32,2	9,3	12,9	83,0	7,8	91,0	15,6
Maranhão	1 025	99,1	28,4	6,3	9,0	84,6	8,2	89,4	19,4
Piauí	497	99,0	34,1	7,1	10,4	86,4	9,6	91,4	7,9
Ceará	1 704	99,2	27,5	8,0	11,2	79,4	5,3	91,1	10,9
Região Metropolitana de Fortaleza	901	99,8	38,0	12,0	15,9	85,8	7,5	93,9	16,2
Rio Grande do Norte	618	99,4	30,7	10,1	14,4	87,4	8,1	91,9	21,5
Paraíba	782	99,1	27,5	9,1	13,0	80,7	7,2	90,3	15,1
Pernambuco	1 856	99,8	32,3	10,2	13,5	84,0	8,1	91,5	18,0
Região Metropolitana de Recife	1 033	100,0	44,7	14,9	19,2	91,0	11,2	94,7	26,0
Alagoas	546	99,7	26,8	9,5	12,9	82,0	8,2	91,6	12,8
Sergipe	470	99,5	29,0	10,4	15,1	86,4	6,6	92,5	15,9
Bahia	2 655	99,4	39,7	10,7	14,8	82,7	9,0	90,8	16,1
Região Metropolitana de Salvador	999	99,8	56,1	18,2	22,4	90,6	14,0	94,7	27,2
Sudeste	22 721	99,9	64,9	24,7	31,1	97,1	16,3	96,7	52,6
Minas Gerais	4 912	99,7	54,8	18,0	24,9	93,5	10,8	94,3	32,4
Região Metropolitana de Belo Horizonte	1 471	99,8	66,5	25,7	32,7	96,9	14,3	96,2	43,8
Espírito Santo	877	99,8	54,0	20,2	26,2	95,8	17,4	95,1	28,5

Rio de Janeiro	4 999	100,0	66,7	24,6	30,3	98,1	22,4	98,1	59,1
Região Metropolitana do Rio de Janeiro	3 901	100,0	69,7	26,4	31,5	98,5	24,2	98,3	61,9
São Paulo	11 933	99,9	69,2	27,8	34,3	98,2	15,9	97,3	59,9
Região Metropolitana de São Paulo	5 745	100,0	74,9	30,4	37,2	98,4	15,8	98,1	68,3
Sul	**7 156**	**99,8**	**58,2**	**24,2**	**31,9**	**97,4**	**27,5**	**95,5**	**59,2**
Paraná	2 709	99,8	61,4	23,5	31,4	97,1	17,7	94,5	51,5
Região Metropolitana de Curitiba	900	99,9	73,4	30,4	39,5	97,8	18,4	96,6	69,8
Santa Catarina	1 529	99,8	62,9	29,1	37,1	98,7	39,8	96,9	66,3
Rio Grande do Sul	2 918	99,7	52,9	22,4	29,7	97,1	30,2	95,7	62,6
Região Metropolitana de Porto Alegre	1 279	99,8	59,6	26,9	35,1	97,4	24,9	97,1	72,4
Centro-Oeste	**3 419**	**99,8**	**48,1**	**16,7**	**23,1**	**94,8**	**17,8**	**94,0**	**33,8**
Mato Grosso do Sul	586	99,8	42,3	15,3	20,5	95,4	17,1	93,0	29,3
Mato Grosso	637	99,5	40,0	12,6	18,7	93,3	19,4	91,3	29,1
Goiás	1 537	99,8	45,4	11,4	17,1	94,2	13,8	93,5	25,5
Distrito Federal	659	100,0	67,2	34,5	43,7	97,3	26,2	98,4	62,1

Fonte: IBGE, Pesquisa Nacional por Amostra de Domicílios, 2006.

A Tabela 3 mostra a proporção de acesso de serviços como energia elétrica, telefone fixo e internet, e de bens duráveis, como computador, geladeira, *freezer*, televisão em cores e máquina de lavar nos domicílios por região, sem considerar a renda.

Se não considerarmos essas variáveis o mercado de baixa renda aumentará mais ainda os números da tabela 3, uma vez que a posse desses bens e serviços é muito maior na faixa de média e alta renda.

Produtos, como *freezer*, máquina de lavar, computadores e internet têm enorme potencial de consumo, pois a sua penetração nos lares brasileiros é muito inferior a 50% dos domicílios, constituindo uma enorme oportunidade comercial em todas as faixas de renda, principalmente na base da pirâmide onde as carências são maiores.

Tabela 4 — Arranjos familiares residentes em domicílios particulares, total e respectiva distribuição percentual, por classes de rendimento mensal familiar *per capita,* **segundo as Grandes Regiões, Unidades da Federação e Regiões Metropolitanas — 2006**

Grandes Regiões, Unidades da Federação e Regiões Metropolitanas	Arranjos familiares residentes em domicílios particulares							
	Total (1 000 arranjos) (1)	Distribuição percentual, por classes de rendimento mensal familiar *per capita* (salário mínimo) (%)						
		Até 1/4	Mais de 1/4 a 1/2	Mais de 1/2 a 1	Mais de 1 a 2	Mais de 2 a 3	Mais de 3 a 5	Mais de 5
Brasil	**59094**	**8,6**	**16,5**	**27,3**	**23,3**	**8,3**	**6,0**	**5,7**
Norte	**4 294**	**12,0**	**23,6**	**30,2**	**18,2**	**5,2**	**3,3**	**2,6**
Rondônia	466	10,5	21,7	29,7	20,6	6,6	4,9	3,5
Acre	185	15,0	22,3	24,9	16,8	5,9	4,7	4,4
Amazonas	955	10,0	22,8	31,5	19,0	5,7	3,0	2,9
Roraima	114	12,5	20,8	24,6	17,6	6,4	4,7	3,2
Pará	2 022	13,1	24,9	30,4	16,9	4,2	2,7	2,3
Região Metropolitana de Belém	640	9,0	21,8	28,4	19,8	5,6	4,2	4,4
Amapá	160	8,3	22,9	30,6	21,3	7,0	5,6	1,6
Tocantins	392	12,4	22,8	30,9	19,5	5,5	3,3	2,2
Nordeste	**15 38**	**19,6**	**25,3**	**28,1**	**13,9**	**3,6**	**2,6**	**2,5**
Maranhão	1 663	25,8	25,2	25,5	11,3	3,2	1,8	1,9
Piauí	871	26,1	23,1	25,0	14,3	3,9	2,8	2,1
Ceará	2 420	20,0	25,6	28,2	14,2	3,1	2,6	2,2
Região Metropolitana de Fortaleza	1 041	11,0	24,8	28,2	17,5	4,8	4,6	3,9
Rio Grande do Norte	918	16,2	24,5	29,6	16,6	3,9	2,9	3,7
Paraíba	1 104	15,7	26,9	31,6	13,4	3,4	3,0	2,8
Pernambuco	2 587	18,3	25,5	28,3	13,6	3,7	2,6	2,9
Região Metropolitana de Recife	1 180	11,6	23,4	27,6	16,4	5,3	4,4	4,9
Alagoas	854	24,4	28,9	25,0	10,0	2,7	2,6	2,7
Sergipe	619	15,2	25,3	30,4	14,8	5,0	2,5	3,6
Bahia	4 203	17,7	24,7	28,8	15,0	3,9	2,8	2,3
Região Metropolitana de Salvador	1 105	8,4	19,1	28,5	19,8	7,2	5,4	5,4
Sudeste	**26 96**	**3,8**	**12,0**	**26,3**	**27,1**	**10,4**	**7,6**	**7,5**
Minas Gerais	6 186	6,3	16,7	30,7	25,1	7,6	5,4	4,9
Região Metropolitana de Belo Horizonte	1 594	4,3	13,4	25,9	26,3	10,1	7,0	8,6
Espírito Santo	1 120	5,7	16,9	30,5	24,1	7,7	6,4	5,3
Rio de Janeiro	5 480	3,0	11,5	25,0	26,4	10,0	7,8	9,1

Região Metropolitana do Rio de Janeiro	4 168	2,7	10,6	23,7	26,3	10,1	8,3	10,2
São Paulo	13 410	2,8	9,5	24,4	28,6	12,1	8,7	8,3
Região Metropolitana de São Paulo	6 356	2,9	9,4	22,0	27,2	12,2	8,8	9,8
Sul	**9 117**	**3,9**	**11,4**	**26,4**	**29,8**	**11,5**	**7,9**	**6,6**
Paraná	3 384	4,8	13,4	28,5	28,3	9,8	7,1	6,0
Região Metropolitana de Curitiba	1 052	2,8	11,1	24,9	29,1	11,7	9,0	8,7
Santa Catarina	1 966	1,8	7,5	25,0	32,7	14,0	9,6	6,7
Rio Grande do Sul	3 767	4,3	11,5	25,1	29,7	11,7	7,8	7,0
Região Metropolitana de Porto Alegre	1 428	3,0	9,5	22,8	29,3	11,9	9,3	10,3
Centro-Oeste	**4 248**	**5,1**	**16,3**	**29,6**	**24,5**	**8,2**	**6,0**	**6,8**
Mato Grosso do Sul	742	4,9	16,9	31,8	25,0	8,1	5,7	4,7
Mato Grosso	892	6,2	17,9	32,3	23,9	8,3	4,4	4,6
Goiás	1 858	5,2	17,3	31,5	26,1	7,5	4,9	4,1
Distrito Federal	756	3,6	11,4	19,1	20,7	9,8	10,8	18,3

Fonte: IBGE, Pesquisa Nacional por Amostra de Domicílios, 2006.
Nota: Exclusive as pessoas cuja condição na família era pensionista, empregado doméstico ou parente do empregado doméstico.
(1) Inclusive as famílias sem declaração de rendimento e sem rendimento.

A Tabela 4 mostra que a parcela de baixa renda, por definição aufere até 3 salários mínimos, é a maior parcela da população.

No Sudeste e Sul, essa faixa da população dentro da baixa renda tem uma situação menos desconfortável mais perto do limite de três salários mínimos.

Já no Norte e Nordeste, a parcela da população de baixa renda está mais próxima do nível de pobreza e pobreza extrema.

O Centro-Oeste alinha-se mais com o Sudeste e Sul, mas por uma questão demográfica, as dificuldades de acesso ao consumidor de baixa renda são sensivelmente maiores do que no Sul e Sudeste.

Tabela 5 — Pessoas residentes em domicílios particulares, total e respectiva distribuição percentual por classes de rendimento mensal familiar *per capita*, segundo as Grandes Regiões, Unidades da Federação e Regiões Metropolitanas — 2006

Grandes Regiões, Unidades da Federação e Regiões Metropolitanas	Pessoas residentes em domicílios particulares							
	Total (1 000 pessoas) (1)	Distribuição percentual, por classes de rendimento mensal familiar *per capita* (salário mínimo) (%)						
		Até 1/4	Mais de 1/4 a 1/2	Mais de 1/2 a 1	Mais de 1 a 2	Mais de 2 a 3	Mais de 3 a 5	Mais de 5
Brasil	**186 628**	**11,9**	**19,6**	**27,2**	**21,0**	**7,1**	**5,0**	**4,3**
Norte	**15 034**	**16,3**	**27,1**	**28,8**	**15,1**	**4,3**	**2,7**	**1,9**
Rondônia	1 565	14,0	24,7	28,1	18,2	5,9	4,5	2,9
Acre	662	21,9	25,9	21,8	13,4	4,9	3,8	3,4
Amazonas	3 343	15,4	27,3	29,8	15,1	4,4	2,4	1,8
Roraima	405	15,9	24,7	22,6	15,4	4,6	3,6	2,3
Pará	7 111	16,9	27,9	29,4	14,0	3,5	2,2	1,6
Região Metropolitana de Belém	2 088	11,8	24,2	28,4	17,7	4,9	3,8	3,3
Amapá	618	12,0	27,6	30,0	18,0	5,7	4,1	0,9
Tocantins	1 329	16,8	26,4	28,7	16,2	4,8	2,8	1,8
Nordeste	**51 554**	**25,5**	**27,8**	**25,2**	**11,1**	**3,0**	**2,1**	**1,9**
Maranhão	6 179	32,7	26,8	21,9	9,1	2,6	1,4	1,5
Piauí	3 025	31,1	26,2	23,2	11,4	2,9	1,9	1,6
Ceará	8 205	25,6	28,2	25,3	11,3	2,6	2,1	1,6
Região Metropolitana de Fortaleza	3 403	13,8	27,8	27,7	15,2	4,1	3,9	3,2
Rio Grande do Norte	3 042	21,2	26,6	28,0	13,9	3,5	2,4	2,7
Paraíba	3 621	20,4	29,4	28,8	10,9	2,8	2,6	2,3
Pernambuco	8 498	24,1	28,1	25,2	11,0	3,1	2,7	2,1
Região Metropolitana de Recife	3 640	15,2	26,1	26,3	14,3	4,8	3,8	3,8
Alagoas	3 052	31,8	29,9	21,1	8,3	2,1	2,0	2,0
Sergipe	2 004	20,4	28,1	27,5	12,2	4,4	2,2	2,6
Bahia	13 927	23,4	27,6	26,0	11,9	3,1	2,3	1,7
Região Metropolitana de Salvador	3 399	10,8	22,3	28,5	17,5	5,9	5,0	4,4
Sudeste	**79 521**	**5,3**	**14,8**	**27,6**	**25,6**	**9,3**	**6,6**	**5,8**
Minas Gerais	19 453	8,5	20,2	30,8	22,7	6,6	4,6	3,7
Região Metropolitana de Belo Horizonte	4 958	6,0	16,7	26,7	24,7	9,1	6,2	6,8
Espírito Santo	3 469	8,4	20,0	31,4	21,2	6,9	5,6	3,5
Rio de Janeiro	15 559	4,5	14,3	26,8	24,8	8,9	6,6	7,2

Região Metropolitana do Rio de Janeiro	11 685	4,1	13,4	25,6	24,7	9,2	7,1	8,1
São Paulo	41 040	3,8	12,0	26,2	27,7	10,8	7,7	6,5
Região Metropolitana de São Paulo	19 648	4,1	11,8	23,9	26,4	11,0	7,6	7,6
Sul	**27 265**	**5,5**	**14,1**	**27,5**	**28,5**	**10,3**	**6,9**	**5,1**
Paraná	10 379	6,6	16,1	28,8	27,0	8,8	6,3	4,7
Região Metropolitana de Curitiba	3 215	3,9	13,4	26,9	28,7	10,5	7,8	6,6
Santa Catarina	5 947	2,6	9,6	26,6	32,0	13,0	8,5	5,2
Rio Grande do Sul	10 939	6,1	14,5	26,7	28,0	10,2	6,6	5,3
Região Metropolitana de Porto Alegre	4 090	4,6	12,3	25,2	28,2	10,5	7,9	7,7
Centro-Oeste	**13 255**	**6,8**	**19,6**	**29,9**	**22,5**	**7,4**	**5,3**	**5,5**
Mato Grosso do Sul	2 293	6,6	20,0	31,6	22,9	7,4	5,1	4,2
Mato Grosso	2 858	8,4	21,5	32,6	21,5	7,0	3,4	3,7
Goiás	5 731	6,8	20,8	31,7	23,6	6,7	4,3	3,2
Distrito Federal	2 373	5,1	13,8	20,7	20,6	9,5	10,2	14,5

Fonte: IBGE, Pesquisa Nacional por Amostra de Domicílios, 2006.
Nota: Exceto pensionista, empregado doméstico ou parente do empregado doméstico.
(1) Inclusive as famílias sem declaração de rendimento e sem rendimento.

Um dado interessante é que as populações mais carentes das regiões Norte e Nordeste possuem muito mais domicílios em relação às de mesma faixa salarial na região Centro-Sul do país.

À medida que o potencial salarial das famílias cresce, essa proporção passa a ser maior na região Centro-Sul do Brasil.

Esse fenômeno pode ser explicado pela posse de propriedades em regiões inóspitas como o agreste Nordestino e as regiões longínquas do Norte do país.

A tabela 5 mostra o potencial de expansão para o setor da construção civil e explica em parte o seu sucesso e vertiginoso crescimento nos últimos anos.

O sonho de nove em dez brasileiros é a casa própria e os números mostram o enorme abismo entre o sonho e a realidade.

Tabela 6 — Número médio de pessoas nos arranjos familiares residentes em domicílios particulares, por classes de rendimento mensal familiar *per capita*, segundo as Grandes Regiões, Unidades da Federação e Regiões Metropolitanas — 2006

Grandes Regiões, Unidades da Federação e Regiões Metropolitanas	Número médio de pessoas nos arranjos familiares residentes em domicílios particulares							
	Total (1)	Classes de rendimento mensal familiar *per capita* (salário mínimo)						
		Até 1/4	Mais de 1/4 a 1/2	Mais de 1/2 a 1	Mais de 1 a 2	Mais de 2 a 3	Mais de 3 a 5	Mais de 5
Brasil	**3,2**	**4,4**	**3,8**	**3,1**	**2,8**	**2,7**	**2,7**	**2,4**
Norte	**3,5**	**4,8**	**4,0**	**3,3**	**2,9**	**2,9**	**2,8**	**2,5**
Rondônia	3,4	4,4	3,8	3,2	3,0	3,0	3,1	2,8
Acre	3,6	5,2	4,1	3,1	2,9	3,0	2,9	2,7
Amazonas	3,5	5,4	4,2	3,3	2,8	2,7	2,7	2,2
Roraima	3,5	4,5	4,2	3,2	3,1	2,6	2,7	2,6
Pará	3,5	4,5	3,9	3,4	2,9	2,9	2,8	2,4
Região Metropolitana de Belém	3,3	4,3	3,6	3,3	2,9	2,9	3,0	2,4
Amapá	3,9	5,6	4,7	3,8	3,3	3,1	2,9	2,3
Tocantins	3,4	4,6	3,9	3,1	2,8	3,0	2,8	2,8
Nordeste	**3,4**	**4,4**	**3,7**	**3,0**	**2,7**	**2,8**	**2,7**	**2,5**
Maranhão	3,7	4,7	3,9	3,2	3,0	3,0	2,9	2,9
Piauí	3,5	4,1	3,9	3,2	2,8	2,6	2,4	2,7
Ceará	3,4	4,3	3,7	3,0	2,7	2,9	2,7	2,6
Região Metropolitana de Fortaleza	3,3	4,1	3,7	3,2	2,8	2,8	2,8	2,7
Rio Grande do Norte	3,3	4,3	3,6	3,1	2,8	2,9	2,7	2,4
Paraíba	3,3	4,3	3,6	3,0	2,7	2,7	2,9	2,7
Pernambuco	3,3	4,3	3,6	2,9	2,7	2,8	2,6	2,4
Região Metropolitana de Recife	3,1	4,0	3,4	2,9	2,7	2,8	2,7	2,4
Alagoas	3,6	4,7	3,7	3,0	3,0	2,8	2,7	2,6
Sergipe	3,2	4,4	3,6	2,9	2,7	2,9	2,8	2,3
Bahia	3,3	4,4	3,7	3,0	2,6	2,6	2,8	2,4
Região Metropolitana de Salvador	3,1	4,0	3,6	3,1	2,7	2,5	2,8	2,5
Sudeste	**3,0**	**4,3**	**3,8**	**3,2**	**2,9**	**2,7**	**2,6**	**2,4**
Minas Gerais	3,1	4,3	3,8	3,2	2,8	2,7	2,7	2,4
Região Metropolitana de Belo Horizonte	3,1	4,4	3,9	3,2	2,9	2,8	2,8	2,5
Espírito Santo	3,1	4,5	3,7	3,2	2,7	2,8	2,7	2,1
Rio de Janeiro	2,8	4,2	3,5	3,0	2,7	2,5	2,4	2,2

Região Metropolitana do Rio de Janeiro	2,8	4,2	3,6	3,0	2,6	2,5	2,4	2,2
São Paulo	3,1	4,2	3,9	3,3	3,0	2,7	2,7	2,4
Região Metropolitana de São Paulo	3,1	4,4	3,9	3,4	3,0	2,8	2,7	2,4
Sul	**3,0**	**4,2**	**3,7**	**3,1**	**2,9**	**2,7**	**2,6**	**2,3**
Paraná	3,1	4,2	3,7	3,1	2,9	2,8	2,7	2,4
Região Metropolitana de Curitiba	3,1	4,2	3,7	3,3	3,0	2,7	2,6	2,3
Santa Catarina	3,0	4,4	3,9	3,2	3,0	2,8	2,7	2,3
Rio Grande do Sul	2,9	4,1	3,7	3,1	2,7	2,5	2,5	2,2
Região Metropolitana de Porto Alegre	2,9	4,4	3,7	3,2	2,8	2,5	2,4	2,1
Centro-Oeste	**3,1**	**4,2**	**3,7**	**3,2**	**2,9**	**2,8**	**2,8**	**2,5**
Mato Grosso do Sul	3,1	4,1	3,7	3,1	2,8	2,8	2,7	2,7
Mato Grosso	3,2	4,3	3,8	3,2	2,9	2,7	2,5	2,6
Goiás	3,1	4,1	3,7	3,1	2,8	2,8	2,7	2,4
Distrito Federal	3,1	4,4	3,8	3,4	3,1	3,1	3,0	2,5

Fonte: IBGE, Pesquisa Nacional por Amostra de Domicílios, 2006.
Nota: Exceto pensionista, empregado doméstico ou parente do empregado doméstico.
(1) Inclusive as famílias sem declaração de rendimento e sem rendimento.

O número médio de pessoas nos arranjos familiares residentes em domicílios particulares mostra a composição de moradia das famílias de baixa renda.

No Brasil inteiro quanto menor a faixa salarial, maior o número de pessoas vivendo sob o mesmo teto. As famílias de baixa renda em média têm 50% mais membros da família residentes no mesmo domicílio que as famílias de alta renda, o que determina fatores peculiares no grupo de consumo.

As famílias de baixa renda tendem a ser mais unidas, em um esforço maior de cooperação e integração não visto em nenhum outro grupo de consumo.

A intimidade e o compartilhamento das dificuldades diárias por todos os membros da família criam uma sinergia e um espírito coletivo, de comunidade, muito forte nesses consumidores de baixa renda.

Tabela 7 — **Rendimento médio mensal familiar *per capita* dos arranjos familiares com rendimento, em reais e em salários mínimos, dos 10% e 40% mais pobres e dos 10% mais ricos, e relação entre os rendimentos médios, segundo as Grandes Regiões, Unidades da Federação e Regiões Metropolitanas — 2006**

Grandes Regiões, Unidades da Federação e Regiões Metropolitanas	Rendimento médio mensal familiar *per capita* dos arranjos familiares com rendimento						Relação entre os rendimentos médios	
	R$			Salário mínimo				
	10% mais pobres (A)	40% mais pobres (B)	10% mais ricos (C)	10% mais pobres	40% mais pobres	10% mais ricos	C/A	C/B
Brasil	**58,76**	**146,87**	**2 678,42**	**0,17**	**0,42**	**7,65**	**45,58**	**18,24**
Norte	**51,57**	**113,56**	**1 714,54**	**0,15**	**0,32**	**4,90**	**33,25**	**15,10**
Rondônia	59,30	127,76	2 048,34	0,17	0,37	5,85	34,54	16,03
Acre	43,18	103,00	2 179,44	0,12	0,29	6,23	50,48	21,16
Amazonas	54,87	122,13	1 693,22	0,16	0,35	4,84	30,86	13,86
Roraima	47,08	110,04	2 078,66	0,13	0,31	5,94	44,15	18,89
Pará	49,19	106,86	1 598,71	0,14	0,31	4,57	32,50	14,96
Região Metropolitana de Belém	58,90	127,49	2 178,21	0,17	0,36	6,22	36,98	17,08
Amapá	68,95	132,37	1 630,24	0,20	0,38	4,66	23,64	12,32
Tocantins	51,00	114,78	1 551,01	0,15	0,33	4,43	30,41	13,51
Nordeste	**32,78**	**85,02**	**1 712,52**	**0,09**	**0,24**	**4,89**	**52,25**	**20,14**
Maranhão	27,24	69,04	1 609,93	0,08	0,20	4,60	59,09	23,32
Piauí	24,84	69,61	1 686,15	0,07	0,20	4,82	67,87	24,22
Ceará	31,30	82,90	1 407,78	0,09	0,24	4,02	44,98	16,98
Região Metropolitana de Fortaleza	51,10	114,89	2 005,13	0,15	0,33	5,73	39,24	17,45
Rio Grande do Norte	41,22	98,71	1 861,41	0,12	0,28	5,32	45,15	18,86
Paraíba	37,41	96,15	1 773,03	0,11	0,27	5,07	47,40	18,44
Pernambuco	33,70	88,05	1 862,60	0,10	0,25	5,32	55,27	21,15
Região Metropolitana de Recife	47,18	113,99	2 659,83	0,13	0,33	7,60	56,38	23,33
Alagoas	27,77	72,57	2 278,25	0,08	0,21	6,51	82,04	31,39
Sergipe	44,05	100,83	1 862,96	0,13	0,29	5,32	42,29	18,48
Bahia	36,36	91,29	1 642,91	0,10	0,26	4,69	45,18	18,00
Região Metropolitana de Salvador	59,92	137,32	2 633,90	0,17	0,39	7,53	43,96	19,18
Sudeste	**92,87**	**201,40**	**3 101,53**	**0,27**	**0,58**	**8,86**	**33,40**	**15,40**
Minas Gerais	72,64	159,29	2 412,09	0,21	0,46	6,89	33,21	15,14
Região Metropolitana de Belo Horizonte	88,15	190,11	3 437,22	0,25	0,54	9,82	38,99	18,08

Espírito Santo	75,53	161,93	2 572,60	0,22	0,46	7,35	34,06	15,89
Rio de Janeiro	101,97	211,39	3 541,64	0,29	0,60	10,12	34,73	16,75
Região Metropolitana do Rio de Janeiro	106,31	220,36	3 806,74	0,30	0,63	10,88	35,81	17,27
São Paulo	107,74	226,81	3 237,77	0,31	0,65	9,25	30,05	14,28
Região Metropolitana de São Paulo	105,72	228,91	3 670,10	0,30	0,65	10,49	34,71	16,03
Sul	**93,04**	**208,85**	**2 803,26**	**0,27**	**0,60**	**8,01**	**30,13**	**13,42**
Paraná	84,85	187,12	2 733,44	0,24	0,53	7,81	32,22	14,61
Região Metropolitana de Curitiba	107,22	219,32	3 352,22	0,31	0,63	9,58	31,26	15,28
Santa Catarina	130,82	255,51	2 735,92	0,37	0,73	7,82	20,91	10,71
Rio Grande do Sul	88,39	206,70	2 894,67	0,25	0,59	8,27	32,75	14,00
Região Metropolitana de Porto Alegre	105,31	231,53	3 861,98	0,30	0,66	11,03	36,67	16,68
Centro-Oeste	**81,31**	**168,88**	**3 132,78**	**0,23**	**0,48**	**8,95**	**38,53**	**18,55**
Mato Grosso do Sul	80,92	167,90	2 428,82	0,23	0,48	6,94	30,02	14,47
Mato Grosso	72,99	156,01	2 445,77	0,21	0,45	6,99	33,51	15,68
Goiás	81,88	164,59	2 156,63	0,23	0,47	6,16	26,34	13,10
Distrito Federal	93,72	215,27	5 836,82	0,27	0,62	16,68	62,28	27,11

Fonte: IBGE, Pesquisa Nacional por Amostra de Domicílios, 2006.

A Tabela 7 apresenta os 10% e os 40% mais pobres e 10% mais ricos, mostrando o abismo social e a distorção de rendimentos das famílias mais pobres em relação aos mais ricos.

A Tabela possibilita entender o grau de elasticidade da demanda do consumidor de baixa renda e o grau de risco ao crédito e inadimplência.

CAPÍTULO 4

MARKETING

4.1 IMPORTANTES SETORES

Alguns setores têm importância estratégica na composição de uma política de produtos ou serviços voltados ao consumidor de baixa renda.

A TI (tecnologia da informação) tem contribuído diretamente na consolidação do mercado de baixa renda para as empresas que atuam no setor.

A TI auxilia o armazenamento de dados das características das compras e cruzando essas informações propicia a análise e o desenvolvimento de novos produtos ou serviços baseados nas necessidades do consumidor. Novas plataformas (softwares) permitem agilizar o processo de venda e a distribuição imediata dos pedidos para serem entregues, dentro de um espaço de tempo, cada dia mais curto.

O desenvolvimento de sistemas que possibilita a rápida análise de crédito dos consumidores, ajudando as empresas a concederem créditos e alongarem prazos de pagamentos de maneira mais eficaz e segura.

A ansiedade do consumidor em obter o fruto da sua tão suada compra, o mais rápido possível em seu domicílio, criou a necessidade de uma logística de guerra, que deve contar com um elevado contingente de funcionários e uma frota apta a realizar as entregas em todos os lugares e dentro dos prazos estipulados.

Como exemplo a Casas Bahia, em 2004, contava com uma frota de 2.100 veículos que realizaram 9,5 milhões de entregas e percorreram 90 milhões de quilômetros, o mesmo que 2.250 voltas ao redor da Terra! (Awad, Elias 2007).

Entre as ferramentas que auxiliam a construção de uma marca ou produto forte, junto ao público de baixa renda, o marketing merece destaque especial, como responsável direto por criar demanda para o consumidor, divulgar os produtos e manter os relacionamentos. Pela montagem adequada do mix de marketing o público de baixa renda, tornar-se apto ao consumo e entra em contato com os demais setores da organização.

O marketing é a porta de entrada com um tapete vermelho a espera do consumidor.

4.2 A FERRAMENTA DE MARKETING

O marketing é uma das atividades da administração que possui enorme capilaridade, o que a torna extensa, com inúmeras possibilidades e abordagens das mais variadas, por interagir com os mais diversos produtos, consumidores e situações de mercado.

Algumas abordagens relacionam-se diretamente com o público de baixa renda e com as suas interações em relação à compra de produtos.

4.2.1 CONCEITO DE MARKETING

O marketing e o seu conceito vêm evoluindo de forma análoga ao longo do tempo.

Segundo a AMA (American Marketing Association), 1985:

Marketing é o processo de planejamento e execução da concepção, preço, promoção e distribuição de ideias, bens e serviços, organizações e eventos para criar trocas que venham a satisfazer objetivos individuais e organizacionais.

Segundo Nardi e Godoy, 2006:

Marketing é um processo importante para descobrir, atender e superar as expectativas e necessidades dos clientes, fazendo com que eles se predisponham a fazer parte de um processo de troca, ou seja, o marketing utiliza-se de ferramentas para não somente identificar os desejos dos clientes, mas também orientar o processo de compra a partir de uma visão baseada na necessidade do consumidor.

As definições deixam claro que o marketing volta-se cada dia mais a atender todos os aspectos que concernem às necessidades e desejos dos consumidores.

Alguns aspectos adaptam-se melhor à fatia de consumo de baixa renda, como veremos a seguir.

4.2.2 MARKETING VOLTADO PARA O VALOR

Segundo Lãs Casas, 2006:

Marketing voltado para o valor é a sintonia de todas as atividades empresariais dirigidas à criação de valor para o cliente. A justificativa para tal procedimento fundamenta-se na orientação da comercialização ao consumidor com a aplicação da filosofia do conceito de marketing. Buscar a satisfação dos consumidores é um conceito muito amplo. Os grupos apresentam diferentes necessidades e desejos. Mesmo em determinado grupo as pessoas têm valores diferentes, ou seja, os consumidores de um segmento ou nicho podem valorizar aspectos diferentes de um produto.

A criação de valor para o cliente significa, em termos simples, entregar mais por menos.

As empresas devem adequar da melhor forma possível as suas ofertas de produtos e serviços, de acordo com as necessidades dos clientes, buscando interatividade com o seu público-alvo pelos inúmeros canais de comunicação.

A empresa passa a escutar o cliente, divide com ele problemas e soluções, propicia a experimentação e a opção de sugestão, em busca do aprimoramento final do produto ou serviço antes de sua comercialização no mercado.

O conceito de criar valor para o cliente é orientação moderna das empresas que pretendem diferenciar-se no mercado pela excelência do serviço ou pela qualidade do produto.

A criação de valor para o cliente deve seguir à risca a regra básica de todo negócio, o equilíbrio entre a relação custo-benefício do cliente.

Relação Custo X Benefício.
BENEFÍCIO – CUSTO = RESULTADO POSITIVO*

4.2.3 MARKETING DE RELACIONAMENTO

Segundo Ian Gordon, 1998:

Um relacionamento que existe somente como um imperativo do vendedor certamente fracassa. O desafio é identificar significativamente meios para o cliente e o fornecedor se associarem a longo prazo e construírem valores estratégicos juntos. Valores que trarão benefícios para ambos.

O marketing de relacionamento é o processo contínuo de identificação e criação de novos valores com clientes individuais e o compartilhamento de seus benefícios durante uma vida toda de parceria. Isso envolve a compreensão, a concentração e a administração de uma contínua colaboração entre fornecedores e clientes selecionados para a criação e o compartilhamento de valores mútuos por meio de interdependência e alinhamento organizacional.

O marketing de relacionamento ou o *after*-marketing é o relacionamento entre empresa e consumidor criado depois da venda consumada, demonstra a postura da empresa perante o cliente e o valoriza não apenas como consumidor no ato da compra, mas como pessoa, como indivíduo merecedor de atenção e credibilidade.

O relacionamento entre empresa e cliente já é fundamental pelo seu aspecto mais básico, financeiro, pois:

- *custa cinco vezes mais conquistar um novo cliente do que manter um cliente atual.*
- *91% dos clientes insatisfeitos jamais voltam a comprar da mesma empresa.*
- *um cliente insatisfeito comunica em média a nove outros clientes a sua decepção e insatisfação na compra.*

---

* Quanto maior que zero for esse resultado, maior será a importância do cliente para a empresa.

O marketing de relacionamento é a ferramenta com a qual as empresas tentam maximizar o seu grau de intimidade com o cliente, a fim de criar um padrão de compra osmótica.

4.2.3.1 MARKETING DE RELACIONAMENTO NA BAIXA RENDA

O marketing de relacionamento é um componente decisivo para muitas organizações alcançarem ou se manterem em posição de destaque no consumo voltado às classes menos favorecidas.

Alguns aspectos merecem destaque na política de relacionamento das organizações líderes no segmento de baixa renda:

- *Empresa e consumidor com cultura e valores alinhados.*
- *Empresas com estratégias definidas e dirigidas ao mercado de baixa renda, onde o consumidor percebe a "exclusividade" e o direcionamento das ações, propiciando um reconhecimento e um nível constante de compras nessas empresas.*
- *Organizações com estruturas compatíveis com as suas estratégias e com o tamanho do mercado que pretendem atingir.*
- *Pessoal altamente treinado e capacitado a interagir em uma faixa de consumo com problemas básicos de educação e cultura.*
- *Tecnologia de ponta.*
- *Apurado conhecimento do cliente de baixa renda, bem como suas interações na compra e percepção aguçada dos seus desejos e demandas.*

A importância do consumidor ser reconhecido como indivíduo capaz de interagir no processo de compra, como um padrão relevante para o mercado e principalmente para uma empresa, é a porta de entrada para o estabelecimento de políticas de relacionamento duradouras e vencedoras no mercado de baixa renda.

CAPÍTULO 5

O PERFIL PSICOLÓGICO DO CLIENTE DE BAIXA RENDA*

* Cristina Azzoni Pinheiro e Mara Cristiane Favero, diretoras do CEAPP (Centro de Acompanhamento Psicológico e Profissional) que trabalham há anos no treinamento e acompanhamento de profissionais em todos os níveis hierárquicos das organizações.

> *Quando fomos convidadas a escrever sobre o perfil psicológico do cliente de baixa renda, ficamos por dias pensando no que realmente faria sentido ao leitor. Muito já foi escrito a respeito do perfil de consumidores.*
>
> *O desafio era extrair de nossa experiência na área de desenvolvimento humano o que observamos ao longo de oito anos de trabalho.*
>
> *Nossa maior dificuldade foi classificar o consumidor, ou seja, baixa renda, alta renda. Para nós, independente da classificação o ser humano será sempre ser humano, cheio de características contraditórias, diversidades e conflitos internos. Justamente nessas contradições que o ser humano se apresenta como algo tão maravilhoso e intrigante e objeto de estudos tão intensos.*
>
> *A motivação está dentro de cada um de nós. As pessoas não se motivam pelas mesmas coisas, cada pessoa tem necessidades e motivações diferentes.*
>
> *O perfil de consumo é a convergência de diversos fatores, como estilo de vida, constituição familiar, poder de decisão, influência social e aspectos psicológicos.*

5.1 FREUD E A ANÁLISE DE CONSUMO

A análise do fator de motivação para a compra de um determinado produto leva os profissionais a utilizarem teorias psicológicas para entender que componentes e traços do produto têm maior aceitação, com base na premissa de que certos objetos de consumo satisfazem mais a determinadas instâncias psíquicas do que outras.

Tendo vivido de 1856 a 1939, Freud tornou-se um marco no século XX, em áreas do conhecimento que variam das artes à literatura. Apesar de suas ideias serem questionadas desde os anos 70, Freud, é um marco nos estudos da psicologia e comportamento humanos.

Freud achava que se concentrar somente nos aspectos observáveis do comportamento das pessoas era muito pouco e superficial, devendo-se aprofundar as observações de seus lados sombrios interiores, o que chamou de inconsciente e subconsciente.

O ponto chave da psicanálise freudiana é a divisão do psiquismo humano em consciente e inconsciente.

O inconsciente latente (capaz de manter a consciência, mas consciente no sentido de sua dinâmica de funcionamento, é o chamado pré-consciente) e inconsciente reprimido (que não consegue manter o nível de consciência).

Para Freud, no nível do consciente teremos pensamentos e ideias controlados de maneira intensa pela razão, ambiente e interferência alheia. No nível inconsciente, pensamentos e ideias, porém em intensidade mais profunda. É como se, neste nível, os desejos mais profundos ficassem submersos e necessitassem de um estímulo para vir à tona.

O nível consciente do consumidor é o responsável por diversos processos de pré-compra, como:

- *Pesquisa de produtos: o consumidor pesquisa de maneira racional produtos que possam atender da melhor forma sua necessidade de consumo.*
- *Pesquisa de loja: verifica em que local obter o produto ou serviço desejado.*
- *Análise de preços: de forma coerente compara preços a fim de obter o menor custo por aquele produto ou serviço.*
- *Custo versus benefício: analisa se o menor preço realmente oferece o melhor benefício para um determinado produto ou serviço.*

Já o nível inconsciente é uma ferramenta nova que começa a ser abordada por áreas e segmentos, como o marketing. Trata de criar estímulos, emoções e sensações durante o processo de compra que levem o consumidor a realizar a compra de um produto ou serviço por puro instinto, "negligenciando" as etapas do processo de compra consciente.

Nem todos os desejos vêm à tona de maneira tão simples. Se ficam "escondidos" no inconsciente é por um motivo específico: a proteção emocional. Todos nós passamos por situações conflituosas que geram marcas e cicatrizes. Se a ferida não é curada adequadamente, fica escondida e a *psiquê* cria defesas para impedir que as pessoas sofram. Da mesma forma, se temos algumas características que julgamos socialmente incorretas, procuramos escondê-las.

5.2 COMPLEXO DE INFERIORIDADE

O complexo de inferioridade, denominação criada pelo discípulo de Freud, Adler, designa o estado neurótico que tem por fundamento o sentimento de insuficiência ou incapacidade para enfrentar a vida e seus problemas. Esse complexo pode ser provocado por vários motivos, reais ou irreais, como um defeito físico, uma situação econômica ou social difícil ou simplesmente pela recordação de um fracasso perante um obstáculo que não foi possível vencer.

No complexo de inferioridade a tendência da maioria é desvalorizar-se com base em comparações, desejos e invejas, sentimentos ligados à baixa autoestima. Ao serem estimuladas por produtos que representam *status* e poder, as pessoas podem ser levadas a consumir para satisfazer suas necessidades emocionais.

Cerceado do consumo por muitos anos, durante a corrida inflacionária, o consumidor de baixa renda reflete hoje essa carência de estar socialmente incluso na sociedade pelo poder do consumo.

Em *Marketing para o Varejo de Baixa Renda* (2006), uma pesquisa ilustra essa situação.

Os consumidores de baixa renda submetidos a grupos de foco manifestaram sua indignação por estabelecimentos sujos, mal iluminados e com baixo nível de atendimento, pois durante décadas nesse tipo de estabelecimento, obtiveram acesso ao consumo de determinados produtos e serviços.

Sou pobre, mas sou limpinho (Clayton, resposta espontânea em pesquisa qualitativa de 2006).

O complexo de inferioridade também está ligado ao eu ideal que tende a querer alcançar o inalcançável, custe o que custar, para pertencer a uma classe social imediatamente acima.

Os indivíduos ficam sujeitos ao consumo desenfreado, podendo chegar ao excesso de compras, cirurgias plásticas em demasia e sem necessidade, malhação exagerada e uso de medicamentos, na tentativa de igualar-se, mas o resultado final invariavelmente é a autodestruição.

Segundo a teoria de Maslow, Figura 1, as necessidades humanas podem ser agrupadas em cinco níveis:

- *Necessidades fisiológicas (necessidades mais básicas e físicas, como água, comida, ar, sexo etc.).*
- *Necessidades de segurança (busca por abrigo, segurança, proteção, estabilidade).*
- *Necessidades sociais (necessidade de amar e pertencer, de ser amado, querido por outros, ser aceito. O agrupamento de pessoas pode ser uma tribo, local de trabalho, igreja, família, clube ou torcida).*
- *Necessidades de status ou estima (busca pela competência, alcance de objetivos, obtenção de aprovação e reconhecimento).*
- *Necessidades de autorrealização (como pessoa, a demonstração prática da realização permitida e alavancada pelo seu potencial único pelo conhecimento, experiências estéticas e metafísicas ou, mesmo, a busca de Deus).*

Segundo Maslow, a motivação envolve atividades que nos levam a um determinado objetivo. Podemos nos tornar motivados ou estimulados por meio de necessidades internas ou externas, de caráter fisiológico ou psicológico. Grande parte dos nossos impulsos nos remetem a saciar as necessidades básicas, como a sede, sono, fome, proteção do corpo contra frio, calor e outros. Essas necessidades são de origem psicológica ou social. Sentir sede é uma necessidade biológica, é básica. O consumidor busca produtos para saciar suas necessidades básicas, mas o que faz com que escolha determinada marca é o que o move psicologicamente, ou seja, estará sempre ligado aos seus desejos mais profundos. Usar um casaco no frio é necessidade básica. Usar um casaco Pierre Cardin de 3.000 reais é necessidade de aceitação social, ou secundária.

```
                    /\
                   /  \
                  / Autorrealização \
                 /--------\
                /  Estima  \
               /------------\
              / Necessidades Sociais \
             /----------------\
            /    Segurança     \
           /--------------------\
          / Necessidades Fisiológicas \
         /_____\
```

Figura 1 – Hierarquia de necessidades de Maslow
Fonte : MASLOW, 1943, p. 343

Consumidores de baixa ou alta renda aspiram por coisas materiais que os elevem à condição ou *status* maior do que possuem e, na medida em que as condições econômicas favorecem e facilitam o crédito, os desejos e as necessidades vêm à tona rapidamente.

5.3 CONSEQUÊNCIAS

A necessidade de satisfazer desejos e demandas impulsionados pela motivação psicológica de atingir patamares superiores pode provocar um processo de consumo inadequado e artificial elevando significativamente os patamares de endividamento, como mostra a reportagem do site Uol de 2007.

Fecomercio: endividamento dos consumidores permanece em 62% em abril, mas inadimplência sobe.

A Fecomercio considera esse patamar de endividamento preocupante, uma vez que o número de consumidores de menor renda (até três salários mínimos) nesta condição cresceu 3 pontos percentuais neste mês, atingindo 68%. Tudo indica que, neste ano, o crédito continuará se expandindo. Mas é importante observar que, "sem um aumento significativo do emprego e da renda, a situação do consumidor pode ficar insustentável e acarretar o aumento da inadimplência", afirma o presidente da Fecomercio, Abram Szajman. Entre os consumidores com renda de três a dez salários mínimos, o nível de endividamento é de 64% e, para quem recebe mais dez salários mínimos, de 54%.

O que pode confirmar essa tendência de alta no endividamento é o crescimento de 3 pontos percentuais frente ao mês anterior na inadimplência de abril, que bateu os 45%. A população que ocupa a menor faixa de renda também lidera as estatísticas de inadimplência, segundo a Fecomercio, com 64%. Do grupo que recebe entre três e dez salários mínimos, a inadimplência atinge 45%. Entre os que têm renda superior a dez salários, a inadimplência é de 23%. A pesquisa apurou ainda que 72% dos consumidores inadimplentes declararam a intenção de saldar ou pagar parcialmente seus débitos, o que representa 6% de crescimento em relação a março. Para a Fecomercio, o aumento médio dos prazos de financiamento pode ser a solução para que a inadimplência não tenha uma trajetória de crescimento explosiva.

Na análise por perfil, os homens lideram o endividamento, com 63%, e as mulheres endividadas são 61%. No caso da inadimplência, o público feminino é a maioria, com 46% contra 43% dos homens. Os consumidores com menos de 35 anos são os mais endividados, com 65% e também os mais inadimplentes, com 45%.

CAPÍTULO 6

O MOMENTO DA COMPRA

6.1 O MOMENTO MÁGICO DA COMPRA

Diversas pesquisas foram realizadas para detectar e identificar pontos relevantes no comportamento do consumidor de baixa renda e outras interações nos mais diversos mercados, a fim de mapear o processo de compra para o consumidor de baixa renda, cujo ápice é designado como o **momento mágico da compra**.

A mágica há séculos, remete as platéias e as pessoas ao fascínio, um momento em que o inimaginável e o extraordinário ocorrem, os sonhos transformam-se em realidade. Assim, nada mais apropriado do que correlacionar o ato da mágica com o momento da compra para o consumidor de baixa renda.

6.2 A IMPORTÂNCIA DO MOMENTO MÁGICO DA COMPRA

O ato da compra para o consumidor de baixa renda é um momento especial e deve ser tratado com muita atenção pelas empresas que queiram atender a essa fatia de mercado. O consumidor de baixa renda experimenta duas sensações das quais tem carência histórica: a sensação de ter um momento exclusivo em que é o centro das atenções e das ações e a sensação de poder realizar um desejo e sentir-se incluído na sociedade por isso.

6.2.1 CARÊNCIA HISTÓRICA

O consumidor de baixa renda carrega consigo uma carência histórica em relação a sua inserção no mercado de consumo, por exemplo, na época de inflação, não dispor de alternativas nem de tempo para as compras básicas.

Compras básicas sim, pois além das compras que atendiam as suas necessidades fisiológicas e de segurança, segundo a classificação da pirâmide de Maslow, o consumidor de baixa renda estava alijado do mercado de consumo.

Em épocas de inflação e corrosão rápida do valor do dinheiro, o consumidor de baixa renda mal conseguia atender as suas necessidades fisiológicas e de segurança representadas pelos primeiros degraus da pirâmide de Maslow.

Hoje, inserido no mercado de consumo e com uma moeda forte e estável, o consumidor de baixa renda galgou degraus no consumo e participa da compra de produtos e serviços que se encontram no nível da estima, que até bem pouco tempo atrás não passavam de sonhos distantes.

6.2.2 MOMENTO EXCLUSIVO

O consumidor de baixa renda exerce funções, na maioria das vezes, diretamente relacionadas a outrem, como empregado doméstico, porteiro, manobrista, vigia, garçom, balconista, recepcionista, entre outras, que têm em comum a necessidade de servir ao patrão (cliente), quase sempre está na posição de subserviência.

Em decorrência disso o momento mágico da compra torna-se um momento exclusivo e único pois ele se torna o centro das atenções. Cabe ao vendedor adulá-lo e a todos os envolvidos no processo de vendas tratá-lo com educação, respeito e admiração pela conquista naquele momento.

6.2.3 SENSAÇÃO DE PODER

O ato da compra tem um fator psicológico muito forte. A partir do momento em que ele corporifica seus sonhos, o consumidor de baixa renda é circundado de uma sensação de poder absoluto, de ter atingido um objetivo outrora distante, de felicidade de propiciar-se um benefício ou a sua família.

A possibilidade de sentir-se incluído e respeitado socialmente faz parte do processo de participação nessa nova dinâmica de consumo.

6.3 ETAPAS DO MOMENTO MÁGICO DA COMPRA

O momento mágico da compra do consumidor de baixa renda divide-se em três atos distintos:

a) A primeira etapa inicia-se ainda na casa do consumidor, quando reúne a família e os amigos e juntos acompanham a compra do bem específico, como sendo um programa social. Esta etapa perdura dentro da loja, quantifica e qualifica com propriedade a ansiedade e o orgulho em relação ao ato que será realizado dentro de instantes, algo parecido com o frenesi que a platéia experimenta momentos antes de o mágico realizar a mágica.

b) A segunda etapa é o ato efetivo da compra, quando o consumidor de baixa renda experimenta uma sensação de poder, sente-se socialmente incluso e realizado, capaz de, como indivíduo, realizar um sonho seu e da família. É um momento sagrado, o ápice de satisfação e a concretização de todos os esforços concentrados para a finalização daquela venda específica.

Este momento deve obter a atenção especial de todos os envolvidos no processo de venda, pois além de diferencial competitivo entre unidades de negócio, a carga emocional desse instante fará com que a capacidade de interação do estabelecimento com o cliente sirva de ferramenta fundamental no processo de sua fidelização.

Este é o instante em que a mágica é realizada e a sensação dos espectadores é de excitação, empolgação e delírio.

c) A terceira etapa são todos os serviços e atendimentos a serem executados após o ato da compra. Todos têm de estar centrados na mesma linha de educação, respeito e presteza que até então esse consumidor experimentou. O momento de pós-compra é de deleite prolongado pela realização do feito.

O consumidor ainda se encontra emocionalmente envolvido com a situação, qualquer deslize pode pôr a perder, não a venda já consumada naquele instante, mas a possibilidade de relacionamento futuro e duradouro entre cliente e estabelecimento.

É o mesmo cuidado que o mágico deve ter após a realização da mágica, em sair de cena impecavelmente sem gafes, para que a extraordinária mágica não pareça mais um truque barato.

"O MOMENTO MÁGICO DA COMPRA É SENTIR-SE VIP".

CAPÍTULO 7

CRÉDITO: O AGENTE FACILITADOR DO CONSUMO

"Sonhos são possibilidades esperando para se tornarem reais".
(CARLA JOLYN CAREY, bacharel em Matemática
da Northeastern State University)

A estabilização da moeda e o controle inflacionário contribuíram de forma irrefutável para a consolidação do consumo de baixa renda. Outro fator que contribuiu para consolidar esse mercado de consumo e é hoje o principal alavancador de vendas para essa parcela de consumidores é o crédito, principalmente o crediário e os cartões de crédito.

Crediário é o agente fomentador da capacidade econômica, que possibilita ao consumidor de baixa renda a compra de equipamentos e produtos com pagamentos programados, de forma prolongada e fracionada.

7.1 A ANTIGA CADERNETA

O crediário é a versão moderna, revisada, revitalizada e com muito maior poder de abrangência da antiga caderneta de vale dos estabelecimentos comerciais de bairro.

Não que as cadernetas e os vales tenham perdido sua eficiência e utilidade. Continuam funcionais em milhares de pequenos e médios estabelecimentos espalhados pelo país, oferecendo crédito aos seus clientes e adequando o pagamento às necessidades de cada um.

A caderneta sempre foi vista pelo prisma do comerciante como uma ferramenta importante para aumentar as vendas e a capacidade de consumo de seus clientes além de agregar venda casada às transações comerciais.

Todas as vendas em caderneta geram o risco de inadimplência, mas a operação tem um caráter financeiro positivo, pois o volume gerado por esse mecanismo, a taxa de retenção e fidelização dos clientes são muito superiores ao índice de inadimplência, como se pode ver na equação:

$$\frac{\text{LUCRO + RETENÇÃO + FIDELIZAÇÃO}}{\text{INADIMPLÊNCIA}} > 1$$

Para o consumidor, a caderneta é uma oportunidade de consumir sem a necessidade física da moeda, a comodidade de adequação dos pagamentos aos recebimentos, a tranquilidade de contar com o crédito para consumo em momentos de urgência e, principalmente, a sensação de gratidão e carinho por aquele estabelecimento que confia na sua idoneidade e responsabilidade pelo pagamento dos créditos.

É esse um dos grandes diferenciais competitivo da Casas Bahia que o mercado ainda hoje tenta plagiar sem sucesso: a transposição do microcrédito do vale e da caderneta para um sistema mais elaborado de crédito, sem abandonar as premissas de valorização e confiança no cliente.

A possibilidade de oferecer crédito aos menos favorecidos, uma prática usada há décadas foi a base sólida para o desenvolvimento do atual sistema de crédito da Casas Bahia:

Em 1955, Samuel (Klein) começou a se estruturar comercialmente. Passados dois anos, ele começava a dominar bem toda a situação. Já que tinha identificado que a melhor forma de fazer uma venda era parcelando o valor a ser pago. O faro comercial fez com que percebesse que a clientela era formada por gente humilde e que só se interessava por duas coisas: em ter o produto e saber quanto precisaria pagar por mês. Quase ninguém podia comprar à vista. Até o idioma já não o atrapalhava tanto.

...Lá ia ele com a sacola cheia de roupas de cama, negociando de porta em porta. Eram colchas, lençóis, cobertores e outras peças que atraíam a freguesia. Bastava apontar na rua para as clientes saírem de casa e esperar as novidades. Umas queriam fazer novas compras; outras, pagar. Mas havia quem acabava fazendo as duas coisas, graças ao poder de persuasão do mascate. O que impressionava a clientela era a forma de negociar de Samuel, principalmente na hora das garantias pela venda. "Ele não pedia nada. Nem endereço ou documento. Não perguntava se tinha renda ou se alguém em casa trabalhava. A gente comprava no meio da rua mesmo. Eu é que dizia a ele onde morava para que depois pudesse receber as prestações. Conta Zulmira Bernardi Piazzoto, dona de casa que até novembro de 2003 ainda guardava um dos cobertores vendidos por Samuel Klein. (Awad, Elias, 2007)

Os tempos mudaram e a complexidade em realizar transações comerciais é uma tarefa mais difícil do ponto de vista administrativo e das garantias exigidas.

Mas a Casas Bahia ainda atende as premissas da época: conceder importância ao cliente, facilitar o acesso à compra e deixar clara a confiança na idoneidade do tomador do crédito.

7.2 O CREDIÁRIO

O crediário é o grande responsável pelo *boom* de consumo das classes C, D e E.

Seu mecanismo é simples e consiste em facilitar o acesso ao crédito para os consumidores, fracionando o valor em um número de prestações com valores fixos.

Nas cadernetas o preço fixado do produto na prateleira é o preço a ser saldado no dia do acerto da mesma.

Já todo produto obtido pelo sistema de crediário inclui nas suas parcelas de pagamento um montante financeiro referente a juros, fazendo com que o preço do produto em exposição, seja totalmente diferente do preço a ser apurado no final do pagamento das prestações.

Existem situações em que o varejo exibe o preço à vista igual à soma de todas as parcelas do financiamento, vendendo ao consumidor a ideia de "sem juros", que já estão embutidos no valor do produto.

Essa técnica de venda demonstra ao consumidor as "vantagens" do parcelamento, sem o estabelecimento abrir mão do seu ganho financeiro na venda do bem.

O crediário é o sistema de parcelamento que utiliza boletos para pagamento, entregue mensalmente via correio no domicílio do comprador ou por carnês emitidos nas próprias lojas com as vias de todas as prestações a serem pagas.

7.3 O CARTÃO DE CRÉDITO

O cartão de crédito outra forma de obtenção de crédito pelos consumidores de baixa renda, são de dois tipos:

- *Bandeirados: cartões de crédito de instituições financeiras conhecidas costumam ter abrangência quanto a sua aceitação bem maior por parte dos estabelecimentos. Exemplos: Mastercard, Visa, American Express.*
- *Private Labels: cartões de crédito emitidos por lojas ou instituições específicas cujo limite de crédito, só pode ser utilizado pelo consumidor na loja referente àquele cartão ou numa diversidade de estabelecimentos muito menor que os bandeirados. Exemplos: Magazine Luiza, Renner, C&A, entre outras.*

A importância do cartão de crédito para o consumidor de baixa renda é facilmente perceptível. Segundo pesquisa realizada pela administradora de Cartões Itaú, em 2007, o segmento de cartões de crédito cresceu em torno de 20,6% em 2007 e tem previsão de crescimento, para 2008, de mais 20%.

Desse índice, o consumidor de baixa renda representa um crescimento de 24%, em 2007, enquanto o consumidor de alta renda cresceu apenas 18% no período.

O número de cartões de crédito saltou de 720 milhões, em 2000, para 2,4 bilhões, em 2007, um crescimento de 233%. Concomitantemente o montante transacionado cresceu de 48,4 bilhões para 183,1 bilhões.

No primeiro semestre de 2007, de acordo com a Abecs (Associação Brasileira das Empresas de Cartões de Crédito e Serviços), o total de cartões *private labels* em circulação no Brasil atingia a marca de 128 milhões de unidades.

No terceiro trimestre de 2007, o faturamento da indústria de cartões de crédito somou R$ 16 bilhões, cuja metade foi movimentada pela baixa renda. 67% do total de plásticos em circulação, o que soma 60 milhões de unidades, pertencem ao consumidor de baixa renda.

A importância do "plástico", como é conhecido o cartão de crédito é tanta que os grandes nomes do sistema bancário nacional tem sistematicamente estabelecido parcerias com o varejo para a emissão de cartões de crédito *private label*.

A demanda por esse tipo de produto financeiro tem sido exponencial nos últimos anos. Nem o último foco de resistência a essa forma de pagamento conseguiu resistir. E em novembro de 2005, a Casas Bahia firmou parceria com o banco Bradesco para a emissão do cartão de crédito CB/Bradesco Visa.

Segundo o diretor-executivo da Casas Bahia, Michael Klein, o cartão para vendas parceladas em até 24 vezes na rede e associadas do grupo terá juros de 3,5% ao mês e limite a partir de R$ 100. A empresa prevê a emissão de 3 milhões de cartões no primeiro ano e de 6 milhões em seis anos.

A aprovação do crédito, feita pelo Bradesco em áreas cedidas dentro das lojas da varejista, exigirá renda mínima de R$ 300. De acordo com o diretor de marketing das Casas Bahia, Allan Barros, a análise do Serasa será feita na hora e, em dez minutos, o cliente sai com o cartão, segundo a agência Reuters.

7.3.1 CARTÃO FEMININO

Conforme levantamento efetuado pela Itaucard a pedido da *Folha de São Paulo*, em 3 de março de 2008, as mulheres passaram a deter a maior parcela de cartões de crédito em circulação (50,8% do total).

Esse movimento se deve principalmente ao efeito do consumo das famílias de menor poder aquisitivo, onde o responsável pelas despesas e orçamento é a mulher, a portadora e responsável pelo cartão "da casa". Nas famílias de baixa renda é mais comum um cartão por residência e não por pessoa, como nas residências de alta renda.

7.4 FINANCIANDO O CRÉDITO

Com o advento do consumo de baixa renda, o crédito tornou-se o ativo mais importante nas operações comerciais voltadas a essa fatia de mercado.

Uma infinidade de financeiras ostensivamente oferecem crédito e facilidades de aquisição para esse consumidor.

Nomes tradicionais do mercado no fomento de crédito, como Losango, Fininvest, Panamericano, Crefisa, BV, IBI e Cacique, invariavelmente ligados diretamente a uma instituição financeira de peso, são presença constante junto ao público consumidor de baixa renda.

O crédito nos últimos anos está potencialmente alavancado, em muito devido ao poder de consumo das populações mais carentes.

Chama a atenção o número de novas financeiras com bandeiras sólidas e de grande reputação no mercado, mas não provenientes da área financeira.

GE Money utiliza a bandeira da General Eletric, empresa originária do setor de eletrodomésticos, Americanas Taií, empresa tradicional do varejo nacional e Porto Seguro Financiamentos, empresa do ramo de seguros, são exemplos de como o setor de fomento de crédito tem se expandido e gerado oportunidades, em escala jamais vista, a inúmeras empresas dispostas a alavancar o potencial de consumo do público de baixa renda.

PARTE 2

As sensações e emoções variam de pessoa para pessoa, gerando a falsa ideia da necessidade de variação na apresentação do mix de marketing e de serviços segundo essa perspectiva.

A compra estaria sujeita a um sem-número de variações em função da particularidade e comportamento de cada cliente.

Mas não. Os consumidores da base da pirâmide emocionalmente agem com pequenas oscilações, como um grupo de consumo, principalmente em relação ao prazer experimentado no momento da compra.

A necessidade de mudança na abordagem, na composição dos produtos e serviços se deve não à diversidade emocional desse tipo de consumidor, mas à diversidade, necessidade e especificidade de cada produto a ele dirigido.

Fatores como, urgência, praticidade, real necessidade, crédito, parcelamento e escala de valor de um produto, propiciam diferenças de comportamento do consumidor de baixa renda de um setor varejista/comercial para outro.

Nos últimos anos, alguns setores têm obtido destaque na carteira de consumo dessa parcela da população, pesquisas, características diferenciadas e por vezes únicas por meio de tópicos como abordagem, sensação, interação, mix de marketing, política de serviços e formas de pagamento.

Especialistas têm atuado em plataformas diretas ligadas ao consumo de baixa renda e apresentam análises individualizadas de alguns mercados.

As características dissonantes entre esses mercados podem ser mais bem percebidas através dessa análise.

Apesar das nuances e abordagem diferenciada, o emocional, o atendimento diferenciado a esse consumidor são essenciais em qualquer mercado voltado à base da pirâmide.

CAPÍTULO 8

COMPORTAMENTO, TENDÊNCIAS & PERSPECTIVAS DO MERCADO

8.1 COMPORTAMENTO DO CONSUMIDOR

Segundo Las Casas, 2006. Comportamento do consumidor é uma matéria interdisciplinar de marketing que lida com diversas áreas do conhecimento, como economia, psicologia, antropologia, sociologia e comunicação. O objetivo é estudar as influências e as características do comprador, a fim de obter condições de fazer propostas adequadas de oferta de marketing, aplicando-se o conceito de marketing.

O desenvolvimento da disciplina, ou da atividade, ocorreu devido à orientação do processo de comercialização para o marketing. As empresas passaram, na década de 50, a se preocupar com os consumidores, procurando entendê-los e avaliá-los para elaborar planos de marketing que fossem mais adequados.

A abordagem do marketing e do mercado requer atenção especial ao consumidor de baixa renda.

Algumas abordagens de varejo sugerem ações exclusivas, utilizando parâmetros únicos de abordagem para o varejo.

O consumidor de baixa renda, conforme a sua evolução no mercado, vem exigindo adequação das ferramentas de marketing, customização e adequação a cada segmento de atuação e ao porte da empresa.

As técnicas e ferramentas para atingir o consumidor de baixa renda no varejo de eletroeletrônicos não são as mesmas que no varejo de alimentos, por exemplo.

Pesquisas e trabalhos realizados para empresas em diversos segmentos voltados ao público de baixa renda, o direcionamento das ações, a fim de otimizar vendas e estreitar relacionamento com o consumidor demonstraram variação do mix de marketing e técnicas de mercado em relação ao produto oferecido e ao porte e alcance da organização.

8.2 VENDA DE ELETROELETRÔNICOS

Os eletroeletrônicos são ícones de consumo, o primeiro setor varejista a dar real importância ao consumidor de baixa renda e o pioneiro a criar condições de consumo para essa parcela da população. O que criou uma empatia entre as partes.

Os produtos eletroeletrônicos entram na categoria de consumo como:

- *facilitadores da vida cotidiana, produtos, que até então não eram acessíveis aos consumidores de baixa renda, e que melhoram e otimizam o serviço diário das famílias, melhorando sua qualidade de vida, como o liquidificador, forno micro-ondas, freezer, ferro de passar, aspirador de pó, geladeira, fogão e cafeteira.*
- *os produtos de status social, além da sua utilização, normalmente voltados ao lazer, como televisores, DVDs, MP3, video games, micro system, entre outros.*

Em ambas as situações os eletroeletrônicos são produtos de desejo do consumidor de massa, sonhos há muito reprimidos, que se transformam em motivo de satisfação inestimável para o ego.

O momento da compra é carregado de expectativas, de carga emocional de conquista muito grande e de sensação de poder muito forte.

Todos esses sentimentos devem ser captados pelo agente vendedor no momento da compra.

A venda de ato mecânico, praticada inúmeras vezes pela loja e pelo vendedor, deve transformar-se em um ato único de relevância incontestável para todos os envolvidos no processo.

Quanto mais importância for dada àquele momento, maior será a satisfação do consumidor e maior sua absorção positiva em relação ao produto, à loja e ao vendedor.

A venda de um eletroeletrônico deve se transformar num ritual de valorização do cliente.

8.2.1 PERCEPÇÃO DO CONSUMIDOR DE BAIXA RENDA

Em Marketing para o Varejo de Baixa Renda (2006) realizamos uma pesquisa quantitativa e qualitativa do varejo de eletroeletrônicos mapeando alguns aspectos importantíssimos para entender o perfil do consumidor de baixa renda.

A percepção de preço pelo consumidor de baixa renda pode ser avaliada pelas variáveis levantadas na pesquisa.

Tabela 8 – Importância das variáveis de preço para os pesquisados

Importância do preço	Porcentagem
O PRÓPRIO PREÇO	14%
O VALOR DA PRESTAÇÃO	28%
FORMA DE PAGAMENTO	25%
DESCONTO A VISTA	34%
Total	100%

O comportamento do consumidor pesquisado com relação ao preço demonstra um equilíbrio nas respostas e busca das melhores opções de pagamento. Com leve tendência em optar pelo pagamento à vista (34%), mesmo que não se consume pela sua falta de recursos, pois normalmente os produtos têm valor final elevado, se comparado ao salário mensal desse consumidor.

Surge a necessidade da compra a prazo e consequente preocupação com o valor da prestação (28%) e com a forma de pagamento (25%), conforme tabela 1.

Outro fato interessante, é que mesmo os consumidores elegendo o preço como a variável do mix de marketing mais importante na hora da compra, na hora de priorizar quais os fatores de maior importância que compõem o preço, o próprio preço final ou o valor numérico do preço é apontado como o fator de menor importância para esse consumidor na composição final da escolha do bem.

Tabela 9 – Percentual das variáveis de preço em relação às formas de pagamento

	CARTÃO DE CRÉDITO	CHEQUE	CREDIÁRIO	DINHEIRO
PREÇO	7,7%	13,3%	10,6%	10,4%
O VALOR DA PRESTAÇÃO	24,4%	40,0%	37,2%	2,1%
FORMA DE PAGAMENTO	17,9%	0,0%	31,9%	20,8%
FORMA PAGAMENTO/DESCONTO	3,8%	0,0%	0,0%	2,1%
DESCONTO A VISTA	43,6%	33,3%	9,6%	60,4%
TODOS	1,3%	6,7%	7,4%	2,1%
	100,0%	100,0%	100,0%	100,0%

O gráfico 2 mostra as formas de pagamento (eixo horizontal) *versus* importância que o consumidor dá para os tipos de pagamento (eixo vertical).

A correlação entre a forma de pagamento e a importância do preço demonstra coerência na atitude do consumidor de baixa renda. A forma de pagamento ideal para esse público é congruente com os meios de pagamento disponíveis, ou seja, o consumidor que opta pelo pagamento à vista tem como opção primeira em grau de importância o desconto à vista. O consumidor que assume um crediário foca sua preocupação no valor da prestação e forma de pagamento. Já quem utiliza o cartão de crédito tende a se preocupar, além do valor da prestação, com o desconto à vista.

O consumidor de baixa renda pode ser considerado um cliente regrado e disciplinado, consciente das suas melhores opções de compra, capaz de analisar a sua disponibilidade de recursos.

8.2.2 ATITUDE DO CONSUMIDOR DE BAIXA RENDA

A pesquisa exploratória aponta a real dimensão entre a percepção e a atitude do público de baixa renda no momento da compra.

O modo como os pesquisados costumam pagar reflete sua dinâmica de ganhos e gastos para a compra de produtos de eletroeletrônicos. A pesquisa mostrou que a principal motivação (47.8%) para a compra de produtos eletroeletrônicos é a quebra do produto. Afirma um entrevistado:

Por causa de chuva, minha televisão queimou, por causa de temporal entrou água na televisão e demorei quase 1 ano para comprar outra. [sic]

A segunda causa mais importante é o estado do produto. Como diz um entrevistado:

Na minha casa foi a televisão, mais por precisão também. A gente ligou um dia e não dava para ver mais nada. A televisão foi a penúltima coisa, a última mesmo foi um micro-ondas que juntamos eu e as minhas duas irmãs e demos de presente para a minha mãe, porque o nosso também tinha pifado por este problemas de chuva também e por ficar na tomada, da energia que vai e que volta, aí queimou e o conserto seria mais ou menos o preço de um novo, juntamos nós três, as três irmãs e compramos um outro.[sic]

Os dois motivos representam mais de 85% do total das respostas, o que influencia na forma de pagamento e, sobretudo, na programação das compras.

55% dos entrevistados dividem o preço em um maior número de parcelas.

Gráfico1 – Atitudes dos pesquisados antes de fazerem as compras

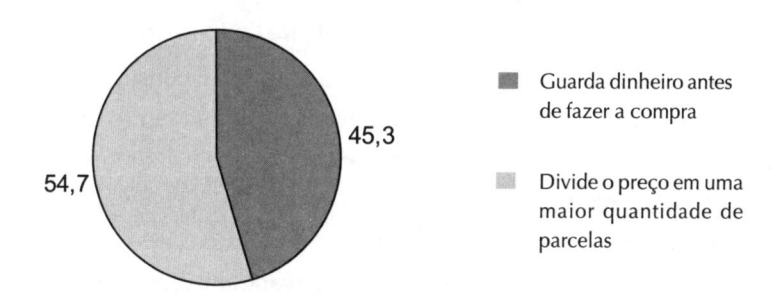

- Guarda dinheiro antes de fazer a compra: 45,3
- Divide o preço em uma maior quantidade de parcelas: 54,7

Dividir o preço em maior número de parcelas está relacionado diretamente com a motivação de compra.

Ocorrendo a quebra de um produto, surge a necessidade imediata de reposição do mesmo, adiando ao máximo a compra de outros itens.

Declaram que preferem guardar dinheiro antes de fazer a compra 45,3% dos entrevistados:

Eu reúno todo mundo, porque a gente junta um pouquinho de todo mundo e foi assim, graças a Deus, que a gente conseguiu mobiliar a casa.[sic]

O dinheiro guardado serve como parcela inicial de pagamento, para assumir o parcelamento da compra, pelo crediário, cheque, cartão ou outras formas de pagamento.

Foi o que aconteceu comigo quando eu comprei a televisão. O vendedor falou para mim: Você paga uma prestação agora e você vai diminuir 2 prestações. Você paga hoje ou amanhã e vai pagar só mais 10 prestações. E aí eu fiz isso, paguei só 10 prestações, diminuiu 2 prestações. [sic]

A opção de pagamento à vista para o consumidor de baixa renda não necessariamente se configura como pagamento integral do bem, mas a entrada inicial que diminui o valor final do produto é considerada pagamento à vista.

Em relação aos juros temos uma situação inusitada e direcionada.

O consumidor demonstra certa coerência no seu discurso no que tange a sua disciplina no momento da compra, mas seu perfil final é extremamente linear e racional, não estabelecendo conexão com a realidade eufórica de vendas a prazo no varejo de eletroeletrônicos.

Após analisar diversos produtos e estabelecimentos citados por esses consumidores parece que a coerência e racionalidade desse consumidor são artificiais e fomentadas pela crescente e exponencial oferta de crédito do varejo, principalmente pela exposição de mídia que certos estabelecimentos e produtos têm para esse consumidor.

O baixo nível de escolaridade (média de 9 anos) dessa parcela de consumidores, aliado à maciça exposição à propaganda, influencia a capacidade de discernimento desse consumidor, para avaliar de forma isenta aspectos, como preço, juros e condições de pagamento.

Isso leva o consumidor de baixa renda a se comportar de maneira distinta, discorrendo racionalmente sobre a teoria e a importância dos aspectos financeiros e agindo impulsivamente no momento prático e real da compra.

8.2.3 PDV (PONTO DE VENDA)*

* Fernando Diehl, arquiteto.
Consultor de marketing, especializado em posicionamento e exposição de marcas.

A indústria ao longo dos últimos anos tornou-se aliada importante do varejo na busca de aproximação com o cliente de baixa renda nos pontos de venda.

Os pontos de venda, conhecidos por PDV, adaptam-se às características nos diversos braços do varejo, lojas de departamento, hipermercados, distribuidores, lojas de rua ou shopping centers. Cada PDV inserido nesses "revendedores" de produtos possuem suas características e especificidades.

De modo geral, a estratégia de uma empresa no PDV estrutura-se em 5 pontos:
1. Equipe de promoção
2. Treinamento
3. Exposição: produto e marca
4. Clube de Incentivo
5. Campanhas promocionais

8.2.3.1 EQUIPE DE PROMOÇÃO

A equipe de promoção é o ponto de contato mais próximo (pessoal) que o consumidor tem com a marca.

Um promotor bem treinado deixa o cliente bem informado sobre o produto e boa impressão sobre a marca, sendo educado, simpático e envolvente, sem ser opressivo.

8.2.3.2 TREINAMENTO

Para atingir o ponto ideal da equipe de promoção é necessário seleção e treinamento do profissional, não somente tecnicamente sobre o funcionamento, *features* e tecnologias dos produtos, mas também com técnicas de abordagem e venda.

Mesmo não tendo a função de venda, o promotor deve encorajar o cliente a procurar um vendedor e fechar o negócio. Os treinamentos normalmente estendem-se aos vendedores das lojas.

8.2.3.3 EXPOSIÇÃO: PRODUTO E MARCA

A exposição é fundamental para posicionar determinado produto de maneira acessível e atraente perante o consumidor de baixa renda, no setor de eletroeletrônicos de uma loja ou hipermercado, por exemplo.

Em geral as áreas nesses estabelecimentos são um caos de produtos expostos e cartazes dos mais variados padrões, posicionados dos mais diversos modos.

Os PDVs se apresentam em locais mal iluminados ou por vezes muito barulhentos.

A estratégia focada na exposição do produto e da marca permite vantagem competitiva àquele que estiver mais em evidência, mais bem posicionado e melhor exposto.

O cliente tem de "descobrir" o produto entre toda a concorrência, durante esse processo a marca deve estimular o desejo do consumidor de baixa renda, informando todos os pontos positivos ligados à escolha da marca.

8.2.3.4 CLUBE DE INCENTIVO

O clube de incentivo tem por missão estreitar o relacionamento entre o vendedor e a marca, pela pontuação e premiação por vendas efetuadas, e como um canal de comunicação e informação com o vendedor que está na ponta.

8.2.3.5 CAMPANHAS PROMOCIONAIS

Campanhas promocionais são eficientes ferramentas de exposição temporária.

Existem dois tipos de campanha promocional: as mega-campanhas, de alcance nacional, veiculação em vários canais de comunicação, e campanhas pontuais, sem nenhuma divulgação, muitas vezes, a pedido de um gerente por ocasião da reinauguração de um setor da loja, com a distribuição de brindes, como rosas ou canetas. Ambas são eficientes no que se prestam a fazer.

8.2.4 POSICIONAMENTO

Os itens equipe de promoção, treinamento e clube de incentivo trabalham no segmento de alto padrão e de baixa renda. O diferencial é o foco a determinada parcela de consumo.

Por estar mais em contato com a exposição de produtos e marca no PDV, desenvolvi alguns diferenciais para o mercado de baixa renda, para poder atender esta demanda, assim como direcionar melhor o *budget* disponível.

Há dois tipos de exposição no PDV – displays e espaços – que se diferenciam pelo tamanho, mobilidade e custo.

Displays e *racks* são usados para tirar os produtos do lugar comum: prateleiras e gôndolas, e levá-los para a frente das lojas, para ganharem visibilidade e destaque sobre a concorrência.

Até o ano passado, as empresas focavam o trabalho no público de baixa renda com iniciativas que visavam disponibilizar uma equipe de promoção maior para as lojas/clientes com este padrão, aumentando e melhorando a exposição de produtos, como TVs convencionais entre 14" e 29", mini systems, DVDs player e *recorder*.

Com o aquecimento da economia, desde o final de 2007 este público está comprando e comprando muito. Suas aspirações tornaram-se outras. TVs de plasma e LCD, aparelhos celulares e *home theaters* entraram na cesta de sonhos e da realidade de consumo desta parcela da população.

Acompanho e desenvolvo projetos para a exposição no PDV desde 2005. Algumas marcas triplicaram o número de espaços dedicados ao consumo de baixa renda, como, por exemplo, um grande fabricante de eletrônicos que de 80 lojas, em 2005 foi para 240, em 2007.

No final de 2007, participei do desenvolvimento de uma nova linguagem de exposição para PDV, buscando modernidade, tecnologia e sofisticação, a fim de estar sempre à frente da concorrência.

Em 2008, iniciamos um projeto para aumentar e pulverizar a presença da marca no PDV e, já nos três primeiros meses implantamos mais de 100 espaços em todo o território nacional, com foco principal em hipermercados, como Extra, Carrefour, Wal-Mart e lojas de varejo em todas as regiões do País, produzindo grande quantidade de *racks* e *displays* para TVs e para linha branca.

Este projeto é reflexo da mudança na característica do consumidor de baixa renda, que está transformando o *layout* dos hipermercados e do varejo, buscando mais que um bom produto e uma boa oferta. O *momento da verdade* no PDV começa a ser percebido por este tipo de consumidor que passa a exigir e a valorizar a experiência da compra.

Neste momento, o espaço e a maneira como os produtos da marca estão expostos, o modo como a equipe de promoção o aborda, o material informativo fazem parte de uma equação entre o racional e o emocional que resultará na escolha.

8.3 PRODUTOS ALIMENTÍCIOS

O setor alimentício apresenta peculiaridades em relação ao consumidor de baixa renda e dentro do próprio setor conforme a sua abrangência e foco dos produtos:

- *Varejo Alimentício*
- *Alimentação casual (restaurante, bares e serviços de entrega)*
- *Microalimentação*

8.3.1 VAREJO DE ALIMENTOS

O varejo de produtos alimentícios compreende estabelecimentos como supermercados, sacolões, padarias e afins.

Algumas características diferenciam o varejo alimentício de outros setores varejistas voltados ao consumidor de baixa renda, como o tamanho dos pacotes, a localização das lojas e acessibilidade.

O momento da compra tem pouco apelo emocional, este é mais postado na racionalidade e praticidade.

Com a inflação expurgada do cenário econômico nacional os consumidores podem fazer pequenas experimentações e aprovar as sobras de caixa para experimentações de novos produtos e um *up grade* de qualidade para os produtos utilizados.

Para adequar essa nova tendência o setor varejista de alimentos diminui os tamanhos dos pacotes de produtos mais caros a fim de viabilizar o preço final destes, dentro do orçamento do consumidor de baixa renda fomentando a disponibilidade dos mesmos para experimentações.

A localização e acessibilidade das lojas transformaram-se em preocupação recorrente no setor, pois o consumidor, hoje, deseja chegar às lojas da maneira mais fácil possível e gastar o menor tempo para efetuar suas compras.

No intuito de atender essa necessidade do consumidor de baixa renda, algumas redes varejistas fincam lojas de mesma bandeira ou de bandeiras irmãs, (marcas diferentes de propriedade da mesma pessoa ou grupo), próximas umas das outras, acabando por se canibalizarem, dividindo entre si os mesmos clientes e diminuindo a sua lucratividade. Com essa manobra pouco usual impedem qualquer possibilidade de um concorrente se instalar naquela área de atuação.

O serviço de entrega é outro item relevante no atendimento à população menos favorecida. Devido ao precário sistema de transporte e ao fato de que a maioria das compras domésticas são realizadas pelas mulheres e estas, em raríssimos casos, têm carro ou habilitação, o sistema de entrega torna-se um diferencial de mercado importante.

8.3.2 ALIMENTAÇÃO COMO FATOR DE INCLUSÃO SOCIAL

O setor de alimentação casual, composto por restaurantes, bares e serviços de entrega, propicia ao consumidor de baixa renda um salto na sua qualidade de vida e poder de inclusão social.

Surgiram nos últimos anos diversos estabelecimentos focados no público de baixa renda, propiciando alimentação diferenciada com preço extremamente acessível ao bolso dessa parcela da população.

Sua estratégia é que o consumidor de baixa renda utilize-se de uma parte da sua "sobra de caixa" para realizar refeições fora ou refeições diferenciadas na própria residência.

Inúmeros estabelecimentos, a maioria no sistema *fast food*, com ambiente claro, iluminado, limpo e com um atendimento-padrão, mas atencioso, propiciam refeições diferentes (pizza, esfirra, buffet por quilo, entre outros) ao público de baixa renda a um custo mínimo.

Exemplo clássico é a rede de *fast food* Habib's, que com sua esfirra a preço de módicos centavos, proporciona um almoço ou jantar fora para toda a família, programa inimaginável até bem pouco tempo atrás. Dando-lhe uma sensação de poder e conquista que, se bem trabalhada pelo estabelecimento, torna-se um elo emocional muito forte entre cliente e consumidor.

Pelos serviços de entrega, o consumidor de baixa renda passou a ser de anos para cá um cliente fiel, conseguindo não só variar o cardápio da família, mas também propiciar a realização de pequenos desejos de seus entes queridos por uma pizza ou refrigerante no final de semana.

8.3.2.1 CASO 1*

* Marcos Bosniac Eitut, gastrólogo, professor chefe de gastronomia do SENAC-SP e empresário com vasta experiência em negócios voltados ao consumo de baixa renda.

FASANO DA BAIXA RENDA

Carapicuíba, final dos anos 90, cidade dormitório, hoje com mais de 700 mil habitantes, localizada entre Barueri e Osasco, a 30 km da cidade de São Paulo.

Na busca de diversificação e fuga da volatilidade dos investimentos da família, pois até então os negócios em Carapicuíba tinham foco na classe C por meio de inúmeros comércios locados, postos de gasolina e lojas de carro e de carona na onda súbita, emergente da estabilização da moeda, decidimos procurar um negócio que pudesse resolver uma demanda crônica na região. A alimentação.

Devido a nossa inexperiência no ramo, optamos em estudar oportunidades de redes de *fast food*, pois a estrutura apresentada, o apoio e a assistência prestada pelo franqueador seriam essenciais para o desenvolvimento desse novo negócio.

Por um simples plano de negócio, definimos o valor do ticket médio da região e focamos em redes que pudessem atender esse valor preestabelecido.

O planejamento foi fundamental, pois segundo o valor do ticket médio, descartamos a possibilidade de franquear nomes interessantes do mercado, como o Mac Donald's e assim fomos ao encontro de uma rede em processo de expansão e que atendia as nossas expectativas. Este foi o início de uma história dentro da rede Habib's.

A franquia foi adquirida e colocada sob minha responsabilidade e de minha irmã.

A estratégia era aproveitar a carência e a pouca experiência da concorrência para ganhar mercado dos concorrentes diretos e indiretos, já estabelecidos, como casas do norte, pastelarias, lanchonetes e até mesmo ambulantes como churrasquinho e cachorro-quente de estação.

ESTRUTURA E FUNCIONALIDADE

Fechado o contrato, passamos por todas as etapas e treinamentos regulamentares, rotinas práticas e teóricas que incluíram visitas a lojas de sucesso e lojas em dificuldade.

Passada a inauguração, a repercussão superou em muito nossas expectativas.

A equipe de apoio da rede, que nos auxiliou durante os primeiros meses suou conosco arduamente no início para dar conta da demanda. Filas formavam-se ao redor do quarteirão nos finais de semana.

Chegamos a vender mais de 20 mil esfirras/dia, quase 6 toneladas de farinha de trigo/mês e mais de 15 horas de trabalho/dia, 7 dias por semana, sem folga!

Nesta fase, nem nos preocupávamos em cativar o cliente, ou trabalhar melhor as vendas. O foco era apenas dar conta do recado e não perder a qualidade.

Passado o turbilhão inicial, começamos a observar melhor o cliente, suas características e definir as melhores estratégias de venda e atendimento, a fim de vencer uma barreira real numérica dos ganhos, apesar do elevado faturamento da loja e do programa de contenção de despesas.

Foi quando concluímos que nossas vendas eram campeãs em números de salgados (produto de baixa lucratividade), mas baixa em vendas de bebidas e sobremesas (produtos de alta lucratividade). Vender somente o carro-chefe "esfirra" pelo valor quase de custo estava nos prejudicando.

Como reverter o quadro, em uma região escassa de dinheiro e em uma época, em que o acesso aos cartões de crédito, débito e *tickets* era restrito?

O pagamento era em dinheiro e raramente em cheque. As pessoas vinham com dinheiro contado, centavo por centavo. No primeiro aumento da esfirra de R$ 0,35 para R$ 0,39, deixamos um sem-número de contas em aberto no 1º mês, pois as pessoas ainda não tinham conhecimento do aumento.

A SOLUÇÃO

Em busca de soluções, começamos a observar a importância daquela refeição, lanche ou pacote para a viagem na vida daquelas pessoas.

A analogia pode ser desmedida, mas é real. Uma refeição para muita daquelas pessoas no Habib's era o equivalente a um jantar no Fasano, para um consumidor de maior poder aquisitivo.

Começamos a dar maior importância ao atendimento, para que o cliente se sentisse no seu dia de Fasano e pudesse como o cliente "rico", fazer uma refeição acompanhada de bebidas e de sobremesa, pagar por isso e sentir-se satisfeito pelo almoço/jantar especial. E de quebra, garantir na sua experiência de consumo que um retorno valeria a pena a qualquer custo.

Para que os encontros fossem especiais, desenvolvemos um trabalho minucioso e muito me orgulho de ter feito parte de momentos tão felizes e especiais na vida dessas pessoas:

- *Pedidos de casamento em um jantar no Habib´s, com direito a mesa reservada em local o mais isolado possível.*
- *Festas de 15 anos.*
- *Pedidos de viagem para ceias de Natal, com direito, além das tradicionais esfirras e quibes, a pratos mais "sofisticados" como charuto de repolho, kafta e coalhada.*
- *Atendimento personalizado: os clientes entravam na loja e eram recepcionados pelo gerente que tratava-os pelo nome. Os clientes cativos estufavam*

o peito e entrava com maior orgulho, provocando alvoroço e cochicho nas mesas ao redor.
- Atendimento customizado, antecipando o gosto da clientela, como servir o quibe de determinado cliente mais queimadinho, pois é o gosto dele, mesmo antes de pedir.
- Reuniões de família e amigos.
- O simples fato de o funcionário fazer parte da brigada de trabalho era uma questão de respeito em sua vila.
- Pequenos mimos como cortesia para demonstrar a importância dos clientes assíduos e de quebra provocar a experimentação de outros pratos.
- Algumas técnicas auxiliavam a compor a cena:
- Atenção e dedicação eram fatores essenciais. Flores no Dia das Mães e brinquedos no Dia das Crianças faziam parte da rotina.
- Ambiente sempre impecável, limpo e iluminado.
- Temáticas, como Natal, Páscoa e Festas Juninas, com suas decorações para atrair os clientes e criar um diferencial no aspecto.
- Cardápio sempre completo, nunca faltando nada para que não decepcionasse o cliente. Existe coisa pior que ir esperando comer algo e ter que comer outra coisa para tentar substituir?

Essa postura nos ajudou a incrementar muito os números da loja e entender que o consumidor mais carente é exigente da mesma forma que qualquer outro.

Para muitos, era o jantar no Fasano, então o melhor se tornava padrão.

8.3.2.2 CASO 2*

* Marcos Bosniac Eitut, gastrólogo, professor chefe de gastronomia do SENAC-SP e empresário com vasta experiência em negócios voltados ao consumo de baixa renda.

O PERCURSOR DA ABUNDÂNCIA E PRAZER POR R$7,99

Sucesso inconteste junto ao público consumidor (de baixa renda) de Carapicuíba, o Habib's caminhava "sozinho" de uma maneira muito satisfatória.

Hora de redirecionar o foco e as ações. O meu foco passou, graças ao contato e à experiência adquirida nas inúmeras horas a fio de trabalho árduo na cozinha do Habib's, para a gastronomia.

Ingressei em uma Faculdade e passei a estudar a fundo a arte da cozinha.

Como braço-direito dos negócios da família, não me afastei das operações e concomitantemente passei a analisar possibilidades de novos investimentos na área de alimentação em Carapicuíba.

Um dia, de saída para a Faculdade, cruzei uma possibilidade interessante e recém-surgida, pelas famigeradas placas "Passa-se o Ponto".

O simples ato de um empresário pendurar uma placa com esses dizeres em frente ao seu estabelecimento sepulta de vez qualquer chance de o negócio dar certo ou de obter uma negociação mais favorável na venda.

Dessa forma, devido ao desespero do proprietário, amealhei o ponto, como diz o popular, uma "galinha morta".

O ponto era um restaurante por quilo com excelente localização, uma área de 1.500 metros quadrados e 230 assentos.

Apesar do enorme potencial apresentado na prospecção realizada, o restaurante tinha uma administração desastrada e um foco equivocado para o perfil da região.

A ESTRATÉGIA

A estratégia consistia em executar uma boa compra, o que exigia repaginar o estabelecimento e os métodos de trabalho, seguindo a coerência e a experiência adquirida no trato com o consumidor de menor poder aquisitivo, incluindo uma reformulação total no cardápio da casa.

Essa atuação tenderia a um aumento gradativo do giro de clientes e do faturamento até o patamar de estabilidade da operação. Passado esse processo, de maneira sutil, proceder à venda do empreendimento com uma margem de lucro significativa.

A transformação do restaurante por quilo em churrascaria se deu por uma boa reforma, que aboliu o estigma de um ambiente velho, sujo e escuro, passou pela elaboração do cardápio com suas fichas técnicas, recrutamento da brigada, treinamento de funcionários e inauguração em grande estilo para aguçar a curiosidade da região por aquele novo estabelecimento, sem, é claro, aquela faixa com os famigerados dizeres "Sob Nova Direção".

Nascia naquele momento a Churrascaria Kitut's.

ESTRUTURA E FUNCIONALIDADE

A Churrascaria Kitut's necessitava de imediato de ampla divulgação pela região. Adotamos uma estratégia de marketing, mas que na época foi implantada muito mais de maneira intuitiva, na base da necessidade.

As inovações visavam chamar a atenção dos consumidores da região para o nosso negócio.

Diversas foram as ferramentas que utilizamos para esse fim, entre elas, fomos os precursores do rodízio a R$ 7,99 numa época em que churrascaria era sinônimo de alta sociedade e preços salgados. Instituímos um padrão de qualidade para surpreender o cliente e conquistá-lo de forma imediata e eficaz. Trabalhávamos em nosso limite, sem o objetivo de rentabilidade no momento, quase sem ganhar nada, para conseguir aumentar o faturamento.

Adquirimos uma van refrigerada para as compras da churrascaria, que "desfilava" pela região, de fornecedor em fornecedor. Incorporamos ao carro uma programação visual com logo e nome da churrascaria e o preço em letras garrafais. A partir de então, nosso carro passou a circular por entre as vilas e ruelas da região apenas com o intuito de promover o rodízio.

O sistema rodízio apurava resultados satisfatórios no horário do almoço, mas não repetia o sucesso à noite. Em consulta direta à clientela, constatamos a carência na região de um bar com música ao vivo, carência que levava uma boa parcela da freguesia a se deslocar para outras cidades em busca desse tipo de entretenimento.

Implantamos algumas inovações no período noturno, entre elas a contratação de um cantor de churrascaria, literalmente falando.

Para aumentar a lucratividade, introduzimos os espetinhos cobrados à parte, que saíam da cozinha pelas mãos dos garçons, que davam a volta no salão inteiro, exibindo as chapas esfumaçando cheiro de carne, aguçando o paladar de todos. Eram poucos os que resistiam!

A iniciativa da música ao vivo foi bem recebida pela clientela, mas o *couvert* artístico de apenas R$ 3,00 não. Para uma clientela de pouco poder aquisitivo, centavos fazem a diferença e nem sempre existe disposição para pagar por algo que se entende "um direito adquirido".

Para contornar essa situação incômoda, sem comprometer a lucratividade, continuamos a cobrar o *couvert*, mas passamos a servir de brinde uma taça de vinho por cliente. Vinho São Roque, R$ 6,00 o litro.

A estratégia fez tanto sucesso que tivemos que introduzir no cardápio o vinho. Passavam a ter *status* no restaurante aqueles que tomavam vinho, com direito a sentir os aromas rodando a taça e tudo!

Sorteios de mesa-cortesia para outro final de semana, carreta de som para a divulgação das promoções, balas e balões infláveis na saída do restaurante para as crianças, grandes alvos para fidelização, faziam parte do aparato de divulgação.

Passado um ano servíamos uma média de 500 *couverts* por sábado, passamos de 40 rodízios/dia para mais de 600 e já tínhamos conseguido aumentar a lucratividade, com o preço de R$ 9,99 por rodízio.

Nossa estratégia atingia o momento de saída, mas o negócio tinha alcançado tamanha proporção, que nos agradava a ideia de continuar. Mesmo assim, começamos a especular o mercado e rapidamente recebemos propostas de venda, com um valor 5 vezes superior ao de compra.

8.3.3.3 CASOS

Os casos gentilmente relatados por Marcos Bosniac Eitut mostram a importância e o poder de consumo do público de baixa renda no setor de alimentos.

Respeito, entretenimento, qualidade e atenção são fatores indispensáveis ao sucesso de qualquer empreendimento nessa faixa de negócios.

Gerar importância ao cliente e ao momento que ele está vivendo, em termos técnicos, estabelecer um patamar inesquecível para a sua experiência de consumo, é indispensável a qualquer estabelecimento com foco no consumidor de baixa renda.

8.3.3 O VELHO NOVO NEGÓCIO DA MICROALIMENTAÇÃO

Outro setor alimentício que experimentou um salto excepcional de crescimento focado no consumidor de baixa renda foi o de atacadistas de alimentos. A Revista *Isto É Dinheiro* de setembro de 2007, traz uma reportagem a respeito das estratégias de crescimento e do *boom* do setor atacadista alimentício.

Casos de crescimento exponencial, como do Roldão, e da venda do Assai para o Grupo Pão de Açúcar, devido a sua importância estratégica junto ao mercado consumidor de baixa renda, são exemplos de quanto o setor expandiu e pretende expandir nos próximos anos, focado na estratégia de fomentar cada vez mais o público de baixa renda.

O grande impulso para este setor da economia foi o velho novo negócio da microalimentação. O quê vem a ser isso?

Microalimentação é a nomenclatura criada para designar todo pequeno negócio que se refira a alimentação, que pode estar formalmente estabelecido até por uma lojinha do sistema ambulante.

A microalimentação é conhecida popularmente por "comidinhas" que englobam os mais diversos quitutes, como pastel, salgados em geral (coxinha, empadinha, esfirra, entre outros), pizza, hot dog, churros, sanduíche grego, sanduíche de pernil, lanche natural, entre outras tantas delícias que fazem a festa não apenas do consumidor de baixa renda, mas de toda a casta social.

Chamamos de velho novo negócio, pois a confecção de doces, salgados e quitutes para festas ou para venda ao público é uma fonte de renda alternativa (em alguns casos até renda primária) para completar o orçamento doméstico, utilizada há muitos e muitos anos por diversas pessoas, mas que teve um espaço maior nos últimos anos com a estabilização da moeda.

O microempresário do setor percebeu uma simplificação significativa na logística do seu negócio, não necessitando comprar enormes quantidades de produtos para estoque, pois a estabilização da moeda permitiu uma oferta mais variada, contínua e com o mesmo valor, com prazos muito mais longos, e ainda propiciou um salto na qualidade dos produtos.

Outro aspecto importante para o microempresário foi a possibilidade de execução de melhoras no plano de negócio, até mesmo no que tange à política expansionista, pertinente sempre a todo tipo e tamanho de negócio.

A "sobra" no bolso dos consumidores é o responsável direto pelo aumento da procura desse produto, de maneira direta e indireta.

O consumo de maneira direta se deu pela procura dos microempresários alimentícios por pacotes maiores de produtos, que ofereçam melhor relação custo-benefício para as matérias-primas.

Essa parcela da população passou a realizar mais e com mais frequência eventos e festas onde o formato do atacado alimentício, com pacotes maiores e custos menores, é mais atrativo ao consumidor, nos casos específicos de eventos pontuais.

De maneira indireta pelo simples aumento no consumo dos produtos (quitutes).

O incremento da demanda pela microalimentação fez com que mais pessoas acreditassem na possibilidade de inserção no mercado como microempresários do ramo alimentício, o que forçou a demanda por esse formato de produtos.

Variedade, formatos de embalagem para o atacado com preços mais acessíveis, diversidade de qualidade, facilidade de localização, promoções e descontos especiais para "lojistas" do setor fizeram com que redes, como Roldão e Assai, se tornassem um sucesso de vendas entre os microempresários e consumidores.

8.4 VAREJO FARMACÊUTICO*

* Ricardo Vicente, MBA em Varejo pela FEA/USP, professor de pós-graduação em Negociação Comercial, consultor, especialista no varejo farmacêutico com passagens por grandes redes do segmento.

8.4.1 VISÃO GERAL DO VAREJO FARMACÊUTICO

O varejo farmacêutico, também chamado comercialmente Canal Farma, é o segmento que mais tem sofrido transformações nos últimos dez anos no Brasil.

Não encontramos em nenhum outro setor regulamentação, legislação e controle de preços, como os do setor farmacêutico.

Uma das transformações foi a previsão do Governo de que, com o medicamento Genérico, a população, principalmente a de baixa renda teria mais acesso aos tratamentos.

Infelizmente a estratégia não funcionou, o que ocorreu foi a redução significativa de gastos para os consumidores.

O medicamento Genérico cumpre o seu papel, que é de reduzir o custo do tratamento com o mesmo padrão de qualidade.

Percebendo que o Genérico isoladamente não havia conseguido atingir o objetivo, o Governo iniciou projetos, como o Dose Certa em São Paulo e as Farmácias Populares do Governo Federal, estabelecidas em lojas próprias.

Atualmente essa estratégia utiliza as grandes redes varejistas como meio de expansão do projeto, oferecendo subsídios para algumas patologias, como hipertensão, diabetes, além dos contraceptivos.

Para o consumidor de baixa renda, a única forma de acesso ao tratamento para qualquer patologia, talvez seja o fracionamento de medicamentos, porém, as agências regulamentadoras, o Governo, a indústria, os atacadistas e varejistas teriam que repensar e alterar significativamente todas as etapas do processo de dispensação de medicamento, o que não se vislumbra ao menos no médio prazo.

8.4.2 FERRAMENTAS DE MARKETING E PROMOÇÃO

Prova da forte regulamentação e legislação do canal Farma, é que 60% do faturamento das lojas não podem ser anunciados, nem divulgados os preços em nenhum tipo de mídia.

No máximo, dependendo do produto, se obtiver a classificação de OTC (*over the count*), pode divulgar somente a imagem do produto, acompanhada de uma lista de recomendações quanto a contraindicações e cuidados com a automedicação.

Entre as poucas oportunidades de promoção, a mais comum é despertar a atenção dos consumidores para os 40% restantes do mix de produtos.

Os produtos encontram-se nas categorias de Higiene, Perfumaria e Cosméticos (HPC), vinculados diretamente ao público feminino.

Assim todos os esforços de marketing, mix (carros de som, jornal de ofertas, promoções, faixas, banners, exposição de produtos e rádios, principalmente as comunitárias) são direcionados para categorias, como fraldas, tinturas, xampus e absorventes.

Imaginando que os geradores de tráfego atinjam seu objetivo, a preparação para receber a consumidora e decisora do processo de compras é orientada no sentido de expor os produtos de maior interesse em áreas estratégicas da loja, como absorventes e tinturas, excelentes geradores de tráfego.

A estratégia é forçar a consumidora a um "passeio".

Os geradores de tráfego são milimetricamente dispostos no fundo da loja ou em áreas que teriam menos apelo, induzindo a consumidora a percorrer espaços de interesse.

Na disposição de alguns itens, como fraldas, utiliza-se outra tática: posicionar os "cestões" nas portas de entrada das lojas, com o intuito de chamar a atenção da consumidora que passa na calçada.

Algumas experimentações podem ser inseridas nas lojas, caso das promoções, tipo compre e aplique de tinturas e alguns tipos de conforto e benefícios.

Espaços infantis e salas de aplicação com algum tipo de distração para o pequeno cliente ajudam na aproximação com as consumidoras.

8.4.3 RELACIONAMENTO E COMPORTAMENTO DOS CONSUMIDORES

No ambiente do Varejo Farmacêutico, encontramos consumidores e necessidades que variam desde soluções para recém-nascidos até para os da terceira idade. Podem ser usuários contínuos que esperam receber os vencimentos e compram todos os meses os mesmos medicamentos ou consumidores que apresentam uma receita contendo cinco ou seis produtos e pedem para levar somente o mais importante ou o medicamento que o dinheiro é suficiente para comprar.

O relacionamento entre canal varejista e consumidor é extremamente complexo, pois no mesmo ambiente são comercializados produtos para conter reações colaterais provenientes de quimioterapia e hidratantes para pele, leites especiais, entre outras "perfumarias".

Um detalhe que faz toda a diferença, porém raríssimas vezes aplicado é a formação do quadro de colaboradores e atendentes. O ideal é mesclar jovens, pessoas de meia-idade, orientais, negros, homens e mulheres, para o consumidor encontrar o atendente que melhor se encaixe no seu grupo-referência.

A relação entre os varejistas do Canal Farma e seus consumidores, principalmente os de baixa renda, é de extrema confiança. Muitas vezes, o consumidor encontra no estabelecimento o que no mercado chamamos de paramédicos. Sem recursos e totalmente dependente de um sistema de saúde público que dispensa comentários, esse consumidor recorre à drogaria como uma espécie de primeiro atendimento (e, muitas vezes, único).

Nesse momento existe uma questão ética extremamente delicada e muito bem regulamentada pelos órgãos governamentais: a indicação de medicamento popularmente conhecida como "empurroterapia". A indicação de medicamentos é contra a lei, mesmo quando o varejista utiliza campanhas de saúde gratuitas com testes de glicemia, biopedância e hipertensão como estratégia de relacionamento. Qualquer tipo de alteração nos resultados deve-se orientar o consumidor a procurar o médico.

No momento em que o varejista faz a indicação de um medicamento, existe uma alteração perigosa na cadeia. Quem prescreve o medicamento é o médico, a drogaria entra no processo com a dispensação do produto e a posologia, caso não haja especificação na receita.

Ainda na linha de ética de relacionamento, podemos citar a proibição da venda de medicamentos controlados sem receita médica (retida ou não).

Outra regulamentação que impacta diretamente no relacionamento com o consumidor é a permanência de um profissional farmacêutico durante o período em que a drogaria está em operação comercial. Na teoria, esta medida é excelente, porém, não encontramos hoje nos jovens e recém-formados farmacêuticos o conhecimento prático e teórico, uma vez que a formação acadêmica ainda dedica pouco espaço ao estudo de medicamentos.

Esses profissionais assumem a responsabilidade da dispensação de mais de 4.500 medicamentos, como preveem a ANVISA (Agência Nacional de Vigilância Sanitária) e CRF (Conselho Regional de Farmácia) sendo inicialmente treinados pelos próprios varejistas.

Como 40% do que é comercializado na drogaria não são medicamentos, encontramos um ambiente em igualdade de condições com os demais segmentos, onde estética, beleza, saúde e higiene são amplamente divulgadas e orientadas, são oferecidas soluções e vendas agregadas com ótima receptividade por parte do consumidor devido ao relacionamento estabelecido.

8.4.4 CRÉDITO

Como argumento de venda no ambiente de baixa renda ainda existe o "fiado", "caderninho", entre outros nomes. Não encontrada nas grandes redes, é uma modalidade restrita a operações de menor complexidade, ou seja, empresa constituída por uma loja e em sua maioria administrada pelo proprietário.

Outra ferramenta não exclusiva, porém, de grande penetração na camada de baixa renda é o convênio com empresas, um "fiado" adaptado.

A centralização da cobrança é na empresa em que o consumidor trabalha. Temos aqui uma redução significativa do risco, se comparado ao "fiado" ou crédito direto ao consumidor.

A operação é simples: fecha-se um contrato com a empresa, negocia-se um desconto-padrão para medicamentos e perfumarias (muitas vezes, o consumidor não solicita o desconto). Aqui ele já tem uma redução no gasto, em contrapartida à fidelidade esperada.

8.4.5 A FORÇA DO CONSUMIDOR DE BAIXA RENDA

No começo dos anos 2000, eu atuava como gerente comercial da maior rede de drogarias do litoral de São Paulo, época em que ocorreu o lançamento dos pacotes de fraldas econômicos com quantidades que variavam de 36 a 46 unidades. Um dos líderes de mercado do segmento de fraldas mantinha um posicionamento de preço superior ao da concorrência e, mesmo assim, o volume de vendas comercializados em nossas mais de 30 lojas na época era motivo de destaque para nós e para eles. Passado um período para que pudéssemos analisar o desempenho do produto por loja, sem tablóides ou campanhas, concluímos que a unidade de melhor desempenho de vendas ficava em um bairro em desenvolvimento, formado por consumidores de baixa renda, porém com alto índice de mulheres economicamente ativas, mostrando na época a força do consumidor de baixa renda.

8.4.6 PERSPECTIVAS PARA O MERCADO

Desde fevereiro de 2008, o segmento farmacêutico está sob o regime de substituição tributária, onde o responsável pela arrecadação do ICMS junto ao consumidor final passou do Varejo para a Indústria.

Essa aparentemente simples alteração já seria o suficiente para uma mudança sem precedentes no mercado, pois hoje o governo arbitra o imposto sobre o valor que, por pesquisas de preços, entende que o consumidor final está disposto a pagar, o que nem sempre condiz com a realidade dos preços praticados no mercado.

Em abril de 2008 houve a implantação da Nota Fiscal Paulista estando previsto para outubro de 2008 a implantação da Nota Fiscal Eletrônica para os atacadistas.

Com essas mudanças, o Governo determina por quanto se pode vender, os atacadistas informam as compras dos varejistas eletronicamente para a Secretaria da Fazenda, o mesmo órgão que receberá o movimento de vendas dos Emissores de Cupom Fiscal. É de se esperar que o nível de sonegação dos pequenos varejistas que basicamente atendem os consumidores de baixa renda atinja índices próximos a zero.

Com o aumento dos custos e a dificuldade dos varejistas deste porte em calcular as margens, podemos projetar que os preços vão subir, uma vez que o ICMS já foi recolhido sobre o valor arbitrado pelo Governo, pelo valor do IVA (Imposto sobre Valor Agregado), principalmente nos estabelecimentos que sempre concederam altos índices de desconto. Esse aumento de preços automaticamente diminuirá a receita, caso se queira preservar uma margem de lucro suficiente para arcar com a nova composição dos custos, o que impactará no fechamento de inúmeras drogarias em um processo lento e silencioso.

O único benefício direto (não se discute aqui os benefícios indiretos pelo aumento da arrecadação de impostos) para o consumidor final é a recuperação de 30% sobre o imposto arrecadado na transação, bastando para isso estar cadastrado no site.

Com a falta de informação e a dificuldade de acesso à internet, mais uma vez o consumidor de baixa renda será excluído. A grande questão é, até quando?

A política superlativa e agressiva das grandes empresas que veiculam descontos da ordem de 30% a 90%, distorcendo o cálculo presumido por parte do governo da média do IVA, prejudicando sensivelmente o pequeno e médio varejo que não possuem respaldo financeiro para tais ações, mas que arcam com o IVA proporcionado por essa equação

Para as ditas grandes, mega e ultraempresas, estar presente em cidades com população inferior a 100.000 mil habitantes é uma simples decisão estratégica dentro de um plano de expansão, não importando a necessidade do consumidor.

Cada vez mais a população de baixa renda, que já não possuía acesso ao tratamento, no médio prazo não terá sequer acesso ao estabelecimento!

8.5 VAREJO CALÇADISTA*

* Sidney Trevisan é formado em administração. Empresário do setor calçadista. É proprietário da rede de lojas Trevis, voltadas ao consumo de baixa renda.

O início do trabalho com o consumidor de baixa renda no setor calçadista dista muitos anos, antes ainda da explosão de consumo desse mercado no final da década de 90.

Nossas lojas sempre estiveram focadas no ramo varejista de calçados direcionado para a classe C.

Em 2005, inauguramos a primeira *megastore* da rede, em Itaquaquecetuba, cidade vizinha à região leste da capital paulista, que possui um grande pólo industrial e que serve ainda como cidade-dormitório.

A escolha foi baseada na experiência que a rede possui com o consumo popular.

Itaquá, como é popularmente conhecida, tem predominantemente população pertencente às classes D e E.

Apesar de toda a *expertise* adquirida ao longo dos anos, a unidade de Itaquaquecetuba foi e continua sendo uma experiência peculiar para nós.

Apesar do planejamento e dos estudos realizados, a unidade, de início, mostrou-se instável, muito por responsabilidade dos nossos próprios erros.

Rota corrigida, lições aprendidas, a unidade hoje atinge números satisfatórios, estimulando a continuidade de expansão desse formato de loja.

O varejo nunca para de mudar e todos os fatores relacionados ao varejo estão em constante transformação. Isso é o que motiva o trabalho no setor e encoraja a constante busca do aprendizado

8.5.1 *VAREJO CALÇADISTA DIRECIONADO PARA O PÚBLICO DE BAIXA RENDA*

De início, para reforçar a visão geral do setor varejista calçadista, diria que o fator principal que atrai o consumidor de baixa renda para a loja é o preço, mesmo que, uma vez dentro dela, outros fatores influenciem a venda.

O comportamento do consumidor tem mudado muito ao longo dos últimos anos. Hoje ele tem acesso a crédito fácil, as lojas estão se modernizando e ficando cada vez mais atraentes, o comportamento dos vendedores tem mudado muito principalmente devido aos inúmeros treinamentos, mas, de modo geral, apesar do poder de compra que esse consumidor ganhou, ainda é o preço o principal atrativo de chamada para atrair o consumidor para a venda.

O varejo calçadista segue a tendência do varejo em geral, com as grandes redes se expandindo, abrindo novas lojas cada vez maiores e mais modernas e adicionando treinamento constante para seus colaboradores.

Com grande poder de compra e de forma profissionalizada, as grandes redes conseguem oferecer menor preço e melhor atendimento, uma vez que seus vendedores têm a oportunidade de fazer cursos e obter conhecimentos técnicos sobre os produtos que estão oferecendo, em detrimento das pequenas lojas, que, com poucos recursos e pouca informação, não conseguem praticar a mesma faixa de preço de venda dos grandes varejistas.

Esse processo vem continuamente fazendo os pequenos varejistas sofrerem com a concorrência desproporcional e aqueles que não se atualizarem logo estarão fora do mercado.

Outro fator a ser ressaltado e que vem dando novos contornos ao setor varejista de calçados é a segmentação das lojas do ramo.

Antes, as lojas vendiam de tudo: tênis, sapatos femininos, masculinos, infantis e acessórios, hoje, apenas as grandes lojas conseguem vender de tudo com a qualidade mínima necessária.

O pequeno varejista, este é um dos segredos para a sobrevivência no mercado atual, deve segmentar de alguma forma para ter sucesso, seja vendendo calçados somente masculinos ou somente femininos, tênis ou buscando nichos específicos, consumidores com características próprias. Como exemplo os calçados para diabéticos ou os tênis para corridas. O lojista tende a dar importância demais aos produtos de marcas conhecidas, achando que o consumidor irá tomar a decisão de compra unicamente pela marca do calçado.

Essa estratégia limita o desenvolvimento da própria marca estampada ou não no calçado. É claro que em alguns segmentos isso é praticamente impossível, como no caso dos tênis esportivos.

O consumidor toma a decisão de compra baseado na loja, na marca e no estilo que a loja impõe e pelo qual se faz conhecida. O cliente sai de casa para comprar em uma determinada loja e somente no local é que decide pela escolha da marca do calçado. Ele se identifica com a loja como um todo; seus atributos como atendimento, formas de pagamento, variedade, estilo, preço etc.

8.5.2 FERRAMENTAS DE MARKETING E PROMOÇÃO

Engana-se quem acha que o consumidor de baixa renda não gosta de luxo e de ser bem tratado. Alguns comerciantes do ramo teimam em afirmar que seus clientes não gostam de lojas bonitas e iluminadas, pois diferenciar-se pelo luxo pode implicar preços mais caros. Pura lenda.

Cada vez mais shoppings centers direcionados para esse tipo de consumidor são inaugurados, com todo o luxo, conforto e comodidades que os outros shoppings oferecem, e estão entre os que mais faturam.

As lojas e os produtos devem ser direcionados para o público de baixa renda e alguns cuidados relativos a valores e custos devem ser levados em consideração, como o acesso gratuito ao estacionamento, mas todo o resto permanece igual.

Existem ferramentas de marketing que impactam mais o consumidor de baixa renda do que os das classes A e B.

Algumas ferramentas são imprescindíveis, no trato com o consumidor de baixa renda, pois necessitam parcelar sua compra, procuram pagar o preço mais barato e consomem por necessidade e não por impulso.

No primeiro ano de atividade, usamos várias ferramentas para tornar a loja conhecida na cidade e atrair o consumidor.

Algumas dessas ferramentas funcionaram e ainda são utilizadas, como *banners* na loja, a indicação e sinalização das promoções ou a comunicação institucional com fotos de moda, mostrando que a loja já possui a coleção da estação.

A mala-direta também foi utilizada, mas teve como foco apenas os clientes cadastrados na loja. Por essa iniciativa foram oferecidos aos clientes (cadastrados), brindes, descontos ou alongamento do parcelamento. Apesar do impacto positivo dessa ação, o seu custo é muito elevado.

Em contrapartida algumas ferramentas tradicionais de promoção ao longo do tempo provavam não surtir efeito perante o consumidor e muitas vezes provocavam o efeito contrário. Foi o caso do "carro de som".

De imediato essa ferramenta mostrava-se útil e com um custo relativamente baixo, para divulgar o nome da loja nos bairros.

Foi contratado um carro para rodar várias horas por dia, em vários bairros da cidade com o intuito de chamar ao máximo a atenção do consumidor para a nova loja.

A resposta dos clientes não foi favorável. Da maioria dos clientes que entravam na loja, muitos não tinham ouvido o nome da loja quando o carro de som passou em sua rua, e os que identificavam a loja vinham a nós para reclamar do barulho do carro.

O que chama mais atenção numa loja de calçados é a vitrine; e esta requer uma atenção especial.

A mudança da vitrine é realizada quase que diariamente em nossas lojas. Toda vez que um produto novo chega é imediatamente apresentado ao consumidor na vitrine.

O cliente que trabalha ou mora nos arredores da loja e passa diariamente em frente não pode acostumar-se com o visual. Deve ser surpreendido e perceber que o estabelecimento está sempre se renovando.

As datas comemorativas são motivos mais do que especiais para empreendermos uma reformulação, conforme o tema, nas nossas vitrines.

Datas especiais como o Dia das Mães e o Natal, devem receber atenção especial e a regra é: quanto maior a antecedência, melhor.

Desde a inauguração da loja de Itaquaquecetuba, apesar de todo o planejamento do *layout* interno, várias mudanças se fizeram necessárias.

A disposição dos móveis, balcões, araras e cadeiras dentro da loja foi alterada em busca do desenho ideal, para que o cliente possa ter a informação na medida certa, sem poluir demais a loja.

Todas as modificações têm sempre o intuito de deixar a loja alegre e colorida, pois ainda não faz parte do repertório de consumo popular lojas no estilo *clean*, com muito espaço e pouco produto exposto.

Outro formato de sucesso na comunicação com o consumidor de baixa renda são os "produtos de porta", que chamam o consumidor para dentro da loja. Esses produtos devem ter dois atributos: preço baixo e giro rápido, geralmente um produto que está na moda ou na mídia.

8.5.3 O CRÉDITO

Hoje, o crédito é a arma mais poderosa para aumentar faturamento e fidelizar clientes.

Antes da inauguração da loja em Itaquá, o grupo não dava muita importância para o crédito direto, apesar de sempre oferecer planos de parcelamento, seja no cartão de crédito ou no cheque pré-datado.

Durante a fase de estudo e planejamento, percebemos nos concorrentes uma intensa oferta de crédito direto e que esta era a principal forma de pagamento do consumidor naquela região.

Oferecer crédito não era nosso forte e terceirizar não nos dava condições de competir, pois as financeiras cobravam juros dos clientes ou nos cobravam taxas de desconto altíssimas, mas nossos concorrentes parcelavam em até cinco vezes sem juros.

Não teríamos condições de competição, se não equiparássemos, no mínimo, as mesmas condições de pagamento que nossos concorrentes.

Foi na aparente adversidade que encontramos nosso melhor trunfo e descobrimos como é bom e vantajoso oferecer nosso "crediário".

Basicamente, por dois motivos: o primeiro é que o grau de fidelização desses clientes que compram no carnê é altíssimo, pois eles retornarão para pagar a parcela uma, duas, três, quatro ou até cinco vezes na mesma loja e, como já possuem um cadastro feito no estabelecimento, a tendência é dar preferência na sua próxima compra a essa mesma loja.

O segundo é que, com um cadastro bem feito, o grau de inadimplência é baixo, ficando em valores que compensam o risco.

O Brasil está vivendo uma experiência de crescimento de consumo e uma oferta de crédito cada vez maior, o que ainda irá aumentar muito, principalmente com o grande volume de capital estrangeiro que está entrando em nosso país. Cabe a nós, como empreendedores, aproveitarmos esta oportunidade.

8.5.4 O RELACIONAMENTO COM O CLIENTE

O consumidor de baixa renda é muito mais carente do que o consumidor que tem maior poder aquisitivo, portanto, é mais fácil de conquistar. A concorrência sabe disso. Então, só nos resta um caminho: treinar, treinar e treinar. Oferecer ao cliente aquilo que ele não acha em todas as lojas, como atenção, atendimento diferenciado, "algo a mais".

Temos como política interna treinar todo funcionário que entra na empresa e fazer reuniões freqüentes sobre atendimento com nossos colaboradores.

Sempre repassando regrinhas básicas de atendimento, como tratar o cliente pelo nome, oferecer uma água ou café, trazer várias opções além daquilo que o cliente pediu.

Casos que aconteceram nas lojas devem ser debatidos nos treinamento realizados pelos gerentes de loja, onde cada um planeja com antecedência a pauta da reunião.

Infelizmente, a rotatividade dos vendedores é alta e a escolaridade, baixa. Isso faz com que o treinamento em técnicas de venda não seja tão avançado. Inicialmente se sobressai aquele vendedor que é mais desinibido, que fala mais.

O cliente gosta disso, principalmente quando o vendedor é prestativo e atencioso.

8.5.5 COMPORTAMENTO DO CONSUMIDOR

O preço é o carro-chefe de atração para o consumo. Junto com o preço estão a forma de pagamento e o prazo.

Com o mercado estável em que vivemos hoje, o preço vem de fora para dentro, ou seja, é o mercado que dita o preço de venda deste ou daquele produto.

Nenhum estabelecimento consegue mais fazer milagres em relação ao preço de venda final do produto.

Assim, o atendimento é o diferencial de mercado entre as inúmeras lojas do varejo de calçados. O consumidor de baixa renda valoriza muito esse atendimento diferenciado.

Nossas lojas trabalham com um produto de necessidade básica, mas também de moda.

Impulsionadas pelo diferencial moda, as compras seguem o padrão de compra por impulso.

Existem clientes (em geral, mulheres) que possuem mais de cem pares de sapatos e continuam comprando as novidades.

A moda vem e vai tão rapidamente, que é quase impossível acompanhá-la.

Coleções são lançadas e relançadas a todo instante. Quando um tipo de calçado passa a figurar no pé de todo mundo é porque essa moda já passou.

Outro fator interessante de venda é o psicológico. Algumas pessoas descarregam suas frustrações, medos ou ilusões, comprando; em alguns casos extremos, perdem até o controle da situação.

Esse comportamento também é visto no consumo de baixa renda. A diferença é que normalmente quando este consumidor perde o controle, perde também o crédito e aí sua vida desmorona.

Mas essas são exceções. Na maioria dos casos, os clientes valorizam muito seu crédito, porque precisam dele.

8.5.6 PERSPECTIVAS PARA O MERCADO

O mercado não para de se transformar-se e de reinventar-se. Nos últimos anos, tudo mudou. Hoje temos informação *online*, informação de vendas em tempo real, cartões de débito e até lojas virtuais.

O crédito está cada vez mais fácil, tanto para o cliente quanto para o empresário. As grandes redes estão crescendo e os shopping centers estão sendo abertos em cada esquina. Isso exige que nós também nos transformemos e nos tornemos profissionais mais comprometidos e dedicados.

Para o varejo de calçados, as perspectivas para o futuro são as melhores possíveis, pois o país está crescendo, o consumidor de baixa renda ganhou, nos últimos dez anos, um poder de compra enorme, e esse movimento não tem volta.

Todas essas mudanças me fazem ver um mundo de necessidades que o mercado demanda e, consequentemente, um mundo de oportunidades para quem tem espírito empreendedor e não tem medo de arriscar-se.

8.6 SHOPPING CENTER

Um modelo de empreendimento velho conhecido dos consumidores vem se tornando foco de convergência de investimentos em unidades próprias destinadas ao consumidor de baixa renda: o Shopping Center.

O consumo alavancado das camadas menos favorecidas da sociedade encabeçada pela classe C vem motivando os empreendedores do setor a customizarem centros de compras nos moldes dos shopping centers em regiões de periferia dos grandes centros urbanos e em cidades de menor porte.

A tendência de expansão é forte, pois as classes C e D são carentes de centros de compras voltados especialmente para elas.

A proximidade dos shoppings à residência desses consumidores permitirá um menor gasto de locomoção, favorecendo a frequência. Um projeto voltado para essas faixas de renda deixa os consumidores naturalmente mais à vontade no ambiente em relação aos tradicionais shoppings com foco nas classes A e B.

As áreas da periferia de São Paulo e Rio de Janeiro ainda são as que apresentam mais oportunidades para esse tipo de investimento, pois possuem alta densidade demográfica e ganho médio superior a áreas de baixa renda de regiões como o Nordeste.

Segundo a Associação Brasileira de Shopping Centers (Abrasce), aproximadamente 65% dos centros de compras instalados no país ainda são voltados para as classes A e B.

O desafio de empreendimentos voltados a essa parcela de consumidores é congregar o conceito de shopping, associado a sofisticação, conforto e segurança com uma oferta de preço e qualidade satisfatórias.

Inaugurado em abril de 2008, a nova parte do Shopping Taboão promete ser um valioso termômetro para o setor.

Localizado na região metropolitana de São Paulo, o Shopping inaugurou uma nova área com mais 50 lojas. O centro de compras, aberto em 2002, tem como consumidores as classes C e D, formados principalmente por moradores da região onde está instalado.

A empresa responsável pelo empreendimento espera que o movimento de visitantes no shopping aumente 50% em relação ao período anterior à inauguração e o faturamento, em torno de 40%. O shopping passou a contar com cerca de 200 lojas, das quais 14 âncoras, entre as quais estão a Renner, Marisa e O Boticário.

Outros empreendimentos avaliam a capacidade de expansão desse mercado e a pré-disposição e o potencial do consumidor de baixa renda para esse modelo de compras: o shopping Itaquera (SP), nova unidade do Mêtro Tatuapé (SP) e o Caxias Shopping (RJ).

8.7 MARCAS PRÓPRIAS

*"Gestão Estratégica do Varejo na construção de marcas"**

*Roberto Nascimento A. de Oliveira é professor do Núcleo de Varejo e dos cursos In Company da ESPM; Formado em Ciências Contábeis e Pós-Graduado em Marketing pela ESPM. Consultor especializado em Gestão Comercial, Planejamento Estratégico, *Branding* e Desenvolvimento de pessoas e organização aplicada à área de vendas e negociação; Autor do livro: *Gestão Estratégica de Ma®cas Próprias*, Ed. Brasport.

O fenômeno estratégico de marcas, desenvolvido pelo canal varejista está vivendo um *boom* de crescimento no Brasil, as chamadas Marcas Próprias. Vamos ver o que significa as vantagens, o que podemos fazer para ter uma marca de sucesso, o mercado e as tendências.

Marca Própria (MP) caracteriza-se por ser um produto vendido ou comercializado exclusivamente pela organização que detém o controle da marca e que normalmente não possui unidade produtora.

Uma MP pode levar o nome da empresa ou utilizar outra marca não associada ao nome da organização.

Prós e contras ao escolher a marca.

Marcas com o mesmo nome da empresa:
Exemplos: Extra/Carrefour/Drogasil/Bompreço/Coop/Farmais
• Justificativa: 2/3 optam por essa estratégia para aproveitar o conhecimento da marca e a credibilidade reconhecida.
• Vantagem: fortalecer imagem da bandeira, baixo custo de comunicação.
• Desvantagem: confusão na percepção do consumidor, aquisições e fusões, não consegue segmentar, risco de perda geral de confiança na marca e na bandeira.

Empresas com diferentes marcas:
Exemplos: C&A, Wall-Mart, Makro, Renner
• Justificativa: adaptação ao mercado e à categoria, consolidando uma marca exclusiva.

• Vantagens: maior flexibilidade para um trabalho específico de construção de marca sem o reflexo ou dependência do nome da empresa ou loja, podendo tornar-se uma grife.

• Desvantagens: processo mais trabalhoso e oneroso; não há associação direta com a empresa.

A escolha da marca depende do dono! Vejamos os principais pontos de cada uma.

Marcas com o mesmo nome da empresa:
- Opção de 2/3 das empresas.
- Fortalece imagem corporativa.
- Baixo investimento.
- Maior risco nos problemas e qualidade.
- Consumidor confuso.
- Fusão ou aquisição.

Empresas com diferentes marcas:
- Maior investimento.
- Não há associação direta com a empresa.
- Marca da rede não é forte o suficiente e/ou conhecida.
- Construção de marca.
- Maior flexibilidade.
- Pode tornar-se uma grife ou marca renomada.

Existem muitas vantagens de comercializar Marcas Próprias no Brasil. Vamos analisar separadamente as vantagens para quem vende, para quem produz e, principalmente, para quem compra os produtos.

Para a Indústria:
- Diminuir capacidade ociosa.
- Não ter verbas de Marketing (diversas).
- Aumentar rentabilidade.

- Estreitar relacionamento com o cliente.
- Reduzir custos operacionais.
- Venda saudável.

Para o Varejo:
- Fidelizar o consumidor à loja.
- Diferenciar-se da concorrência.
- Melhorar imagem de preços.
- Aumentar rentabilidade.
- Aumentar venda de outros itens.
- Incrementar ticket médio da loja.

Vantagens para o consumidor:
- Qualidade garantida.
- Melhor custo-benefício.
- Diferenciação – só encontra a marca naquela loja.
- Disponibilidade dos produtos na gôndola.
- Confiança de preço.
- Maior Variedade — família de produtos.

A qualidade é o ponto fundamental para o sucesso do projeto de construção de patrimônio de uma empresa por SUA Marca Própria. A seguir, cinco passos para garantir a qualidade dos produtos com Marca Própria:

1 — Inspeções das Fábricas

Antes da aprovação do fornecedor, todas as unidades de fabricação devem ser submetidas a uma *avaliação de qualidade*, que irá conferir uma classificação de acordo com os critérios preestabelecidos.

Qualquer discordância importante verificada por ocasião da inspeção deve ser corrigida antes do início da produção. O objetivo é ajudar o fornecedor a melhorar sempre suas operações. Todos os anos deverá ser feita pelo menos uma visita a cada fábrica.

2 — Testes Sensoriais

Os produtos devem ser avaliados por meio da comparação entre a Marca Própria e a *Marca-Referência (Target)*. Algumas das características básicas que devem ser testadas (de acordo com o tipo de produto) são: cor, sabor, aroma, textura, doçura, salinidade, acidez, umidade, tamanho, claridade, pureza, percentual de unidades quebradas, maciez, espessura, aparência geral, consistência dos tamanhos, defeitos, nível, país ou região de origem, ressaibo ou sabor deixado na boca etc.

O teste deve ser apresentado ao fornecedor como um guia para a reformulação ou elevação de parâmetros caso as amostras não se equiparem ou superem as características da *Marca-Referência (Target)*. Não se considere satisfeito com o produto até que ele apresente uma qualidade igual ou superior à da *Marca-Referência (Target)*, dependendo do seu padrão definido.

Faça um teste do produto com seus consumidores e compare com os resultados iniciais do seu laboratório.

Para os produtos de menor $ / OPP / 1°Preço, avaliar a qualidade conforme a legislação vigente.

3 — Avaliação dos Materiais de Embalagem e Transporte

Verifique se a embalagem de transporte, rótulos, caixas, embalagens plásticas ou latas são feitos de material igual ou melhor do que a *Marca-Referência* no que se refere à adequação do tamanho, espessura, forma e qualidade de impressão, ou de acordo com os padrões definidos para sua marca.

4 — Formulário de Especificação

Satisfeito com o produto, peça que o fornecedor preencha e envie o FORMULÁRIO DE ESPECIFICAÇÃO DO PRODUTO, que será parte integrante do *Contrato de Marca Própria*, pelo qual o fornecedor se compromete a manter sempre essa qualidade.

A especificação servirá de base para as análises em laboratório.

5 — Criação e Impressão de Embalagens

Selecionar uma agência de *design* — unificação e padronização a fim de garantir a qualidade das embalagens. *Design* — Garantir que a embalagem final apresente sempre a qualidade no aspecto visual, fotografia e resolução, de acordo com seus padrões.

Os fornecedores não podem desenvolver rótulos/embalagens, para que não haja perda de padronização do *design* e da identidade visual da Marca Própria.

Exigências para a Criação de Rótulos/Embalagens:
- Análise completa da categoria, estudos e objetivos.
- Formulário para Desenvolvimento de Embalagens completo e entregue.
- Auditoria de fábrica aprovada.
- Contrato de Marca Própria assinado.

De todos os novos produtos que são lançados no Mundo, 15% são as tradicionais Marcas Próprias de Varejo. Foram lançados 34.723 itens em 2007 com a marca do lojista, que significa 30% acima de 2006. Esse é um mercado que cresce de forma rápida e conquista cada vez mais os consumidores com seus preços baixos e garantia de qualidade do "dono" do estabelecimento.

Veja o número de novo itens lançados com as Marcas Próprias, de 2002 a 2006:

Em 2006, 26.580; em 2005, 18.998; em 2004, 16.163; em 2003, 13.639; em 2002, 11.939.

Os 10 principais apelos dos novos produtos de Marca Própria, lançados no último ano (2007):
1. Conveniência.
2. Sem aditivos ou conservantes.
3. Étnicos.
4. Sazonais.
5. Premium.
6. Baixa/sem/reduzido teor de gordura/caloria.

7. Natural.
8. Antialérgicos.
9. Livre de glúten.
10. Fortificado com vitamina/mineral.

O perfil do consumidor de Marcas Próprias no Brasil são donas de casa acima de 40 anos, e de lares de 3 e 4 moradores, também são consumidores que buscam produtos "mais em conta"; 30% pertencem às classes AB, 34% às classe C e 36% às classes DE.

67% das famílias brasileiras consumiram produtos com Marcas Próprias em 2007, 19% mais baratos do que as marcas tradicionais líderes de mercado.

Os 10 produtos mais vendidos com a chancela do Varejo, em muitos casos, os líderes de venda, são:
1. Guardanapo de papel.
2. Luvas.
3. Envoltório de alimentos.
4. Conserva vegetal.
5. Saco para lixo.
6. Limpa carpete.
7. Haste flexível.
8. Cappuccino.
9. Toalha de papel.
10. Mel.

Outras categorias, como a de "cuidados ou higiene pessoal" estão recebendo muitos investimentos do Varejo e obtendo vendas significativas: fralda infantil, talco em pó, absorvente/protetor feminino, lenço umedecido e algodão. As redes apostam nessas categorias para oferecer produtos mais acessíveis ao bolso do consumidor.

Em 2007, no setor supermercadista, a participação de Marcas Próprias cresceu 25,7% em volume, representando 6,8% das vendas no Varejo.

As três principais redes de Varejo no Brasil, também investem fortemente na melhoria do *design* de suas embalagens, sendo que uma delas obteve crescimento médio nas vendas de 150% com a introdução de um novo design.

A tendência de participação nas vendas é atingir 10%, em 2009. O consumidor encontra na Marca Própria uma ótima opção de compra que agrega qualidade garantida pela loja por um preço justo.

Sucesso na Europa e Estados Unidos, a Marca Própria, Marca de Loja ou Marca do Varejo já é uma realidade e faz parte da lista de compras da dona de casa brasileira.

Consumidores mais informados no século 21 percebem que a vantagem de comprar Marcas Próprias no Varejo não é só pelo preço 19% mais barato que as marcas tradicionais. A garantia da qualidade assinada pelo estabelecimento que vende e pela indústria produtora é "dupla" garantia ao consumidor.

O volume das vendas cresce fortemente no Brasil e o *share* (participação nas categorias de produtos) aumenta substancialmente a cada ano. Várias Marcas Próprias já são líderes de venda em muitas categorias, como hastes flexíveis, guardanapo de papel, conserva vegetal, saco para lixo, toalha de papel, luvas, entre outros, e o consumidor já percebe a verdadeira vantagem e a relação custo x benefício dos produtos.

A MARCA PRÓPRIA incomoda muitas corporações que não conseguem enxergar, evoluir e aprender na "competitividade saudável de marcas".

MARCA PRÓPRIA é um acerto estratégico de todas as organizações de varejo, não só os tradicionais supermercados, hipermercados e atacados, mas, também, farmácias, lojas de departamento e de material de construção. Por essa estratégia elas conseguem dois grandes objetivos idealizados e buscados por todos os comerciantes: aumento da rentabilidade e redução de preços.

Dois grandes exemplos que comprovam o sucesso e o nível de preparação do varejo em desenvolver marcas e produtos: a rede Pão de Açúcar lançou a marca própria TAEQ e a rede Carrefour, VIVER.

A marca TAEQ, segundo o Pão de Açúcar, é uma nova proposta de viver bem que cuida do corpo, da mente, da casa e até da alma. Da alimentação ao estilo de vida, a marca se preocupa com cada aspecto do dia a dia, oferecendo produtos que ajudam o consumidor a transformar hábitos da rotina em pequenos rituais. Os produtos buscam uma vida saudável e em equilíbrio.

A linha Viver foi especialmente desenvolvida pelo Carrefour para aliar saúde e bem-estar ao dia a dia de seus clientes. São produtos *light*, *diet*, orgânicos, enriquecidos e à base de soja.

Uma MARCA PRÓPRIA agrega valor ao negócio, aumentando seu patrimônio e a fidelidade e confiança de seus consumidores. O maior trunfo do Varejo é que ele é o dono do ponto de venda e tem o maior controle e conhecimento dos consumidores que entram aos milhares em suas lojas todos os dias.

A qualidade é a maior busca das empresas e recebe muita atenção já que a responsabilidade pelo atendimento aos consumidores é do Varejo pela venda dos produtos. O Pão de Açúcar criou um Centro Culinário, onde são desenvolvidas as receitas de produtos da marca Pão de Açúcar, Extra, Compre Bem e Sendas, com a qualidade do que há de melhor no mercado. Os produtos são criteriosamente testados no avançado laboratório de qualidade do Pão de Açúcar e depois, é feita uma auditoria nas fábricas para garantir a qualidade adequando-se às normas e especificações exigidas pela legislação.

Os consumidores já encontram produtos de MARCA PRÓPRIA desde sorvete, café, macarrão, azeite de oliva, panetone, palmitos em conserva, molho para macarrão, fralda, absorvente e, até mesmo, brinquedos, eletrodomésticos e eletrônicos. Já estão disponíveis mais de 40.000 itens nos supermercados, mais de 10.000 itens nos atacados e 3.000 itens nas farmácias, com faturamento superior a R$10 bilhões.

A previsão é que a participação das vendas de produtos com Marcas Próprias no canal Varejo do Brasil chegue a 12% até 2010. Ainda é pouco quando se compara a Suíça (46%), Bélgica (42,5%), Inglaterra (39,6%), Espanha (25,9%), Portugal (18,7%) e Estados Unidos (15,2%). A Marca Própria virou uma realidade e as empresas passaram a respeitar a decisão de compra dos consumidores. Com isso, todos ganham, inclusive a economia, pois em todos os países a Marca Própria ajuda a reduzir o custo de vida da população, dando acesso aos consumidores a comprar produtos de qualidade com preços mais acessíveis.

Maiores informações sobre o assunto de Marcas Próprias: contato@focogestao.com

8.7.1 A MARCA PRÓPRIA E A BAIXA RENDA

O crescimento da Marca Própria no país está relacionado em parte ao crescimento do consumo de baixa renda.

A MP além de gerar economia direta no orçamento do público de baixa renda, possibilita-lhe realizar experimentações de categorias de produtos com uma sensível redução do custo de erro.

A MP voltada ao consumidor de baixa renda provoca sentimento dissonante quanto a sua aplicação. Quando a MP se identifica claramente com uma marca reconhecida do varejo, produz a confiabilidade e repercussão necessária à execução de uma compra segura por parte do consumidor de baixa renda. Em contrapartida, quando a MP não está claramente associada a uma marca reconhecida no mercado, a sua aceitação torna-se mais difícil, pois o consumidor de baixa renda, de imediato, não consegue estabelecer vínculo de confiança e qualidade com o produto.

Dentro das características abordadas pelo professor Roberto Nascimento, sem dúvida a MP é um instrumento importante do canal varejista para fidelizar e oferecer ao consumidor de baixa renda produtos de qualidade garantida a um custo reduzido.

PARTE 3

Um dos problemas encontrados ao longo da jornada de pesquisas sobre o consumidor de baixa renda foi a escassez de dados.

Em 2002 esse mercado novo e em expansão ainda não havia despertado o interesse da mídia nem dos estudiosos e pesquisadores. Timidamente, abordavam a matéria e tentavam despertar o interesse dos interlocutores para o assunto.

C. K. Prahalad, renomado autor na área de negócios e professor da Universidade de Michigan, em janeiro e setembro de 2002, publicou respectivamente os artigos *"The Fortune at the Bottom of the Pyramid"* e *"Serve the World's Poor Profitably"* e, em 2005, publicou o primeiro estudo mais profundo a respeito de negócios voltados à base da pirâmide sob o título *"The Fortune at the bottom of the pyramid: eradicating poverty through profits, enabling dignity and choice through markets"*.

C. K. Prahalad foca seu estudo em negócios voltados ao consumo de baixa renda e não diretamente no consumidor de baixa renda, negócios que de forma sustentável e rentável possam melhorar a qualidade de vida da população da base da pirâmide, como ele mesmo denomina.

Esta parte do livro dedica atenção especial ao modelo de capitalismo proposto por Prahalad, a partir da realidade do Brasil hoje, a seus benefícios e dificuldades frente às peculiaridades do nosso sistema econômico-fiscal.

Mais que contestar o modelo, o objetivo é propor uma forma continuada e consciente do consumo por parte da população menos favorecida, pela inclusão no sistema de uma massa de consumidores cada dia mais consciente e preparada para discutir de igual para igual uma relação de troca entre empresa e consumidor.

Esse fator de transformação e inclusão em um nível de consumo mais sensato se dá por uma proposta educacional contínua e de qualidade.

CAPÍTULO 9

A RIQUEZA NA BASE DA PIRÂMIDE

9.1 A PROPOSTA DO CAPITALISMO INCLUSIVO

Prahalad (2005) propõe um sistema inclusivo de todos os setores da sociedade, pela iniciativa privada de produtos e serviços que possam atender e integrar a população de baixa renda e além de suprir a demanda, propiciar uma melhora da qualidade de vida, a erradicação da pobreza por sistema capitalista rentável e sustentável a longo prazo.

É preciso uma melhor forma de ajudar os pobres, que os envolva em uma parceria para inovar e atingir cenários ganha-ganha sustentáveis, dos quais sejam participantes ativamente engajados e em que, ao mesmo tempo, as empresas que o suprem de produtos e serviços obtenham lucros.

Prahalad incita as grandes corporações mundiais a olharem o consumidor da base da pirâmide como um "mercado latente" e ávido a consumir bens e serviços, propõe o acesso às oportunidades propiciadas pela globalização inclusiva, mantendo o foco nos interesses dos consumidores da base da pirâmide.

A aproximação e o consequente crescimento desse mercado se darão pela mudança operacional e organizacional das corporações multinacionais, acompanhadas de perto pelos governos, principalmente dos países em desenvolvimento.

A força dessas iniciativas inovadoras é o fato de tenderem a criar oportunidades para os pobres, oferecendo-lhes escolhas e estimulando sua autoestima.

O desenvolvimento de uma política de mercado voltada para o público da base da pirâmide só se dará mediante a quebra de paradigmas arraigados dentro das organizações.

Soluções inovadoras, criação de novos formatos, redirecionamento do pensamento e principalmente uma política corporativa da base para cima da pirâmide e não a adaptação de formatos e produtos mediante pequenas alterações em formatos "vencedores" no topo da pirâmide.

Uma pequena revolução, aliada à escala, à eficiência operacional e ao *know-how* gerencial das multinacionais deve ser geradora de eficiência em negócios voltados à base da pirâmide.

Segundo Prahalad, 2005: *Uma oportunidade significativa de inovação em mercados da BP é a redefinição de processos para se adaptarem à infraestrutura. A inovação de processos é um passo crucial para tornar produtos e serviços acessíveis aos pobres. Como fornecer é tão importante quanto o que fornecer.*

O engajamento ativo das empresas privadas neste cenário é elemento crucial na criação do capitalismo inclusivo, segundo Prahalad.

9.2 ECOSSISTEMAS PARTICIPATIVOS

Um ecossistema baseado em mercado é uma estrutura que permite o setor privado e vários outros participantes sociais, muitas vezes com tradição e motivações diferentes, e de tamanhos e áreas de influência diferentes, agir juntos e criar uma riqueza numa relação simbiótica. Esse ecossistema consiste de uma ampla variedade de instituições coexistindo e complementando-se. Usamos o conceito de ecossistema porque cada um de seus participantes tem um papel a representar. São dependentes uns dos outros. O sistema se adapta e evolui e pode ser persistente e flexível. Mesmo havendo distorções na margem, o sistema é orientado para um equilíbrio dinâmico.

Prahalad, 2005

O conceito de ecossistema proposto por Prahalad supõe a participação integrada de diversos setores privados (micro, pequenas e médias empresas, empresas

Figura 1 – Componentes do ecossistema baseado em mercado.

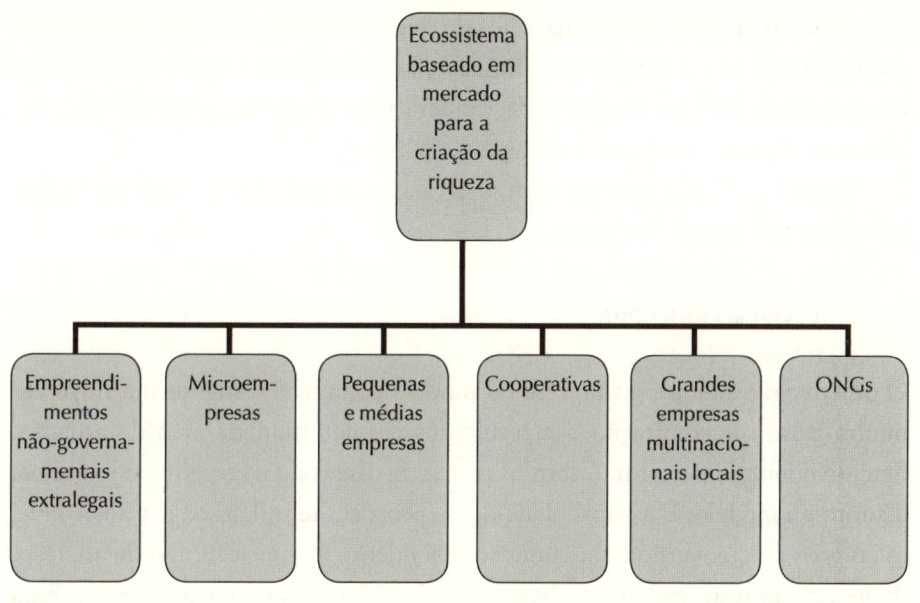

```
                    Ecossistema
                    baseado em
                      mercado
                       para a
                     criação da
                       riqueza
    ┌───────────┬───────────┬──────┴──────┬───────────┬───────────┐
Empreendi-   Microem-    Pequenas    Cooperativas  Grandes      ONGs
 mentos      presas      e médias                  empresas
não-governa-             empresas                  multinacio-
 mentais                                           nais locais
extralegais
```

Fonte: op. cit.

multinacionais) e do setor público, por incentivos ou benefícios, e do terceiro setor, como as ONGs. Essa integração se dá no alinhamento de um negócio voltado para a base da pirâmide, o qual, além de gerar lucro para as organizações, pode gerar benefícios diretos às populações mais carentes.

O ecossistema se tornaria um enorme elo entre as multinacionais e o consumidor final.

O início da cadeia seriam as multinacionais, desenvolvendo produtos e serviços que atendam às necessidades da população da base da pirâmide.

A produção poderia ser terceirizada atendendo as pequenas e médias empresas que passariam a figurar na cadeia como os produtores.

A conscientização sobre a necessidade de um bem ou serviço ficaria a cargo das ONGS e cooperativas.

O papel do setor público seria criar diferenciais a esses produtos na forma de isenções e benefícios.

Fechando esse ciclo, encontramos as microempresas responsáveis, por exemplo, pelas vendas e distribuição direta aos consumidores.

Por esse ecossistema de ajuda e benefício mútuo, Pralahad acredita na viabilidade da construção de modelos de negócio rentáveis em todas as etapas participativas do processo e que da inserção desses produtos no dia a dia dos consumidores da base da pirâmide renderá uma cooperação significativa em busca do objetivo maior, a erradicação da pobreza.

O modelo de ecossistemas tem sustentação em estudos de caso que Prahalad relata ao longo do seu livro.

9.3 GERANDO PERSPECTIVAS

O objetivo de toda proposta, tese ou modelo comercial é sugerir um novo caminho para a maximização dos resultados em determinada área de atuação. Seu ativo mais importante é abrir as portas da discussão a respeito de um tema, assunto ou modelo. É a capacidade que a proposta tem de incitar a sociedade, as empresas e o governo a tomarem conhecimento de novas formas de atuação, de mecanismos inovadores na busca de soluções para problemas crônicos e na forma de conduzir políticas centradas em resultados práticos.

Prahalad cumpre a sua função de estudioso e autor alertando a sociedade para um problema social de proporções mundiais, a necessidade da erradicação da pobreza, e sugerindo um novo modelo de negócio participativo que conduz a resultados interessantes.

Como toda nova proposta, a avaliação e a aferição de viabilidade perante as realidades regionais se fazem necessárias para aperfeiçoamento do modelo de negócio, segundo as características e evolução de cada nação, peculiaridades e necessidades do consumidor da base da pirâmide ao longo do globo.

9.4 CAPITALISMO

Segundo Houaiss, 2004
Capitalismo: Rubrica: economia.
Sistema econômico baseado na legitimidade dos bens privados e na irrestrita liberdade de comércio e indústria, com o principal objetivo de adquirir lucro.
Rubrica: economia, sociologia.

Sistema social em que o capital está em mãos de empresas privadas ou indivíduos que contratam mão-de-obra em troca de salário.

O capitalismo desde a sua concepção na passagem da Idade Média para a Idade Moderna teve diversas fases, com características e maneiras distintas de auferir lucro.

Estudiosos classificam o atual estágio do capitalismo como monopolista-financeiro.

O que significa dizer que o capitalismo hoje está centrado no sistema bancário, nas grandes corporações financeiras e no mercado globalizado.

O sistema financeiro é o responsável por ancorar grande parte dos lucros e do capital em circulação no mundo.

O movimento de globalização possibilitou uma distribuição da produção da indústria ao redor do globo em busca de redução de custos.

A venda e a interação desses produtos ao redor do mundo mantêm um comércio diligente de enorme capilaridade, que, associado a uma tecnologia de informação vigorosa, permite a transferência de recursos nas transações comerciais em tempo real.

Outrora fora a indústria e o comércio os grandes beneficiários do sistema capitalista, não que esses setores não continuem auferindo ganhos através do sistema, mas nos dias atuais a pujança de lucratividade é dirigida ao sistema bancário e financeiro de uma maneira geral.

O objetivo principal do capitalismo é o lucro constante e crescente. As organizações ao redor do globo são orientadas para tal, pressionadas constantemente pelos grupos de interesse, acionistas ou políticas regionais, no contexto da globalização e consequente paranoica obsessão das empresas pela redução de custos em prol do aumento da lucratividade.

9.5 OS NÚMEROS DA BASE DA PIRÂMIDE

Números são indicadores precisos que balizam qualquer estudo, o pilar na construção de novas teorias e soluções em diversas aplicações e nos mais diversos campos de atuação.

A riqueza dos dados fornecidos pelos números pode ser exponencialmente proveitosa, em análises cruzadas com setores distintos de atuação.

Para Prahalad, a base da pirâmide é um mercado latente de consumo da ordem de 4 bilhões de pessoas, como mostra a figura 1.

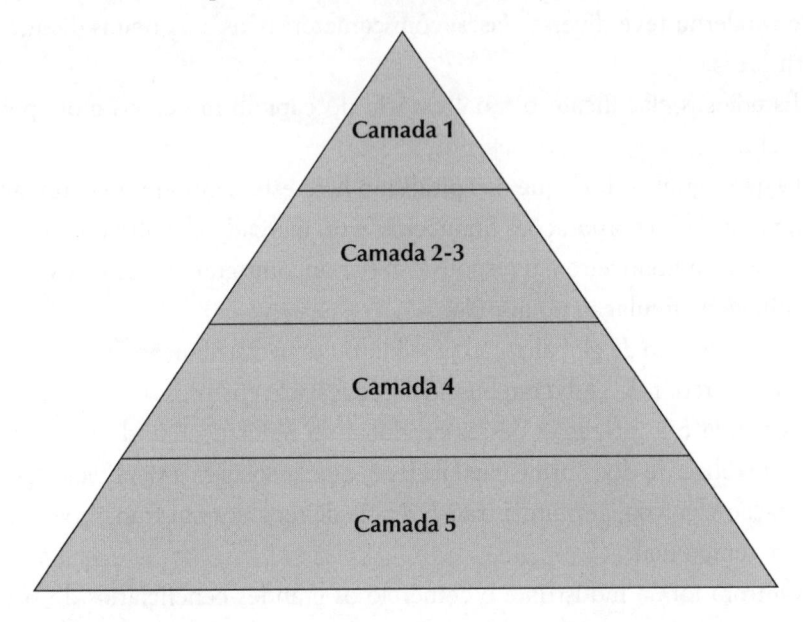

Figura 1 – A Pirâmide econômica op. cit.

Paridade poder de compra	camada	População em milhões
>$20.000	1	75 – 100
$1.500 — $20.000	2 — 3	1.500 – 1.750
$1.500	4	
< $ 1.500	5	4.000 (camada 4/5)

Fonte: op.cit.

A base da pirâmide configura-se em um mercado pouco explorado e de potencial muito grande com seus 4 bilhões de ocupantes.

Dividindo a pirâmide em alta renda (camada 1), classe média (camadas 2 e 3) e baixa renda (camadas 4 e 5), temos os seguintes potenciais de mercado:

• A alta renda configura-se isoladamente em um mercado da ordem de aproximadamente 1 trilhão e 750 bilhões de dólares.

• A classe média representa um mercado da ordem de 17 trilhões, 468 bilhões e 750 milhões de dólares.

• A base da pirâmide representa um potencial de cerca de 4 trilhões e 800 bilhões de dólares.

A alta renda representa o menor potencial de consumo em termos financeiros com um mercado de quase 2 trilhões de dólares, porém, com menor densidade em relação à população, o que facilitaria a penetração de estratégias de marketing e comerciais de uma maneira mais otimizada a fim de atingir esse público consumidor.

Na sua quase totalidade os consumidores de alta renda já estão acostumados às compras. Assim, a sofisticação, o luxo e a exclusividade têm de fazer parte das políticas de acesso a esse nicho de mercado.

A classe média é a grande vedete da pirâmide com um mercado de mais de 17 trilhões de dólares, dez vezes maior que o da alta renda e três vezes e meia maior que o da baixa renda.

A classe média apresenta densidade populacional bem maior e, como está em uma situação intermediária recebe grande fluxo de oferta de produtos e serviços, o que a torna, apesar do potencial financeiro, um mercado de concorrência acirrada.

Outra importante característica dessa faixa de consumo é a enorme volatilidade de poder de compra dos US$ 1.500 até o teto de US$ 20.000, o que cria subdivisões dentro da própria faixa de consumo.

Na classe média encontramos consumidores com hábitos de consumo muito próximos à baixa renda ou claramente direcionados à alta renda, comportamento que dificulta estratégias, políticas e planejamento das organizações para atuar nessa faixa de renda.

Normalmente as organizações dividem essa parcela de consumo em subcategorias e as "atacam", seguindo uma ordem de interesse e planejamento.

A baixa renda apresenta um mercado de sumo interesse para as organizações, por seus quase 5 trilhões de dólares de potencial financeiro, ao qual se soma a voracidade de consumo de forma geral.

Por se tratar de uma população carente, suas necessidades e sonhos são infindáveis e prontos a ser realizados, assim que possível. Como não existe na baixa renda um histórico de consumo, a organização que lhe viabilizar a possibilidade de compra de um bem ou serviço terá aberto um caminho que trilhará assertivamente lucro sobre lucro.

A base de 4 bilhões de pessoas é o diferencial que coloca a baixa renda em situação de destaque perante o consumo mundial, mas também é um contraponto que cria uma dificuldade para o estabelecimento de políticas vencedoras em logística, planejamento, distribuição, marketing, entre outros.

Entre todas as camadas de consumo, a baixa renda é a que apresenta o maior risco de crédito, pois seu consumo é extremamente dependente de linhas de financiamento. A inadimplência está diretamente relacionada com a estabilização econômica regional e mundial, aliada a um processo contínuo de crescimento.

Qualquer "solavanco" no mercado financeiro regional ou mundial que possa gerar risco de inflação ou a redução da exposição dos investidores ao fomento de crédito influencia sensivelmente o poder de consumo dessa parcela da população.

9.6 DENSIDADE DEMOGRÁFICA

Um dos fatores que devem ser avaliados para uma estratégia de penetração no mercado de baixa renda é a densidade demográfica da população a ser atingida.

Prahalad exorta o mercado da base da pirâmide como um mercado de US$ 12,5 trilhões nos nove países emergentes do mundo, entre eles China, Indonésia, Brasil, México, Rússia, África do Sul e Nigéria, com potencial de consumo superior à renda conjunta de países como Alemanha, Itália, França, Japão e o Reino Unido.

Um mercado interessante do ponto de vista financeiro, mas do ponto de vista estratégico das organizações, atenção deve ser dada à densidade demográfica da população nesses países.

Densidade demográfica é o número de habitantes de uma unidade geográfica em determinado momento, em relação à área dessa mesma unidade.

Um índice utilizado para verificar a intensidade de ocupação de um território, segundo o IGC (Instituto Geográfico e Cartográfico) 2007.

A densidade demográfica pode mostrar para a empresa suas dificuldades de penetração em relação a determinado público consumidor, uma vez que, quanto menor a densidade demográfica, mais espalhado ao longo do continente o mercado consumidor se apresenta. Em contrapartida, quanto maior a densidade demográfica, mais concentrada e coesa encontra-se a população, minimizando alguns custos de penetração de mercado como marketing, força de vendas e principalmente logística.

A seguir uma análise do perfil demográfico dos nove países emergentes e do conjunto de países citados por Prahalad com potencial de consumo em torno dos US$12,5 trilhões.

CHINA: Área: 9.596.960 km² População: 1.306.313.812 hab. Densidade: 136,1 hab/km

BRASIL: Área: 8.514.876 km² População: 183.987.291 hab. Densidade: 22 hab/km

ÍNDIA: Área: 3.287.590 km² População: 1.080.264.388 hab. Densidade: 329 hab/km

MÉXICO: Área:1.958.201 km² População: 106.202.903 hab. Densidade: 54,3 hab/km

TAILÂNDIA: Área: 514,000 Km² População:62.354.402 hab. Densidade: 121 hab/km

RÚSSIA : Área: 17.075.400 Km² População: 152.754.000 hab. Densidade: 8,3 hab/km

TURQUIA: Área: 779.452 km² População: 74.709.412 hab. Densidade: 95,84 hab/km

INDONÉSIA: Área: 1.904.569 Km² População: 234.893.453 hab.
Densidade: 119 hab/km

ÁFRICA DO SUL: Área: 1.221.037 km² População: 47.432.000 hab.
Densidade: 39 hab/km

REINO UNIDO: Área: 244.820 km² População: 60.587.300 hab.
Densidade: 246 hab/km

FRANÇA: Área: 542.028 km² População: 64.473.140 hab.
Densidade: 114 hab/km

ITÁLIA: Área: 301.230 km² População: 58.863.156 hab.
Densidade: 195 hab/km

JAPÃO: Área: 377.873 km² População: 127.433.494 hab.
Densidade: 337 hab/km

ALEMANHA: Área: 357.050 km² População: 82.438.000 hab.
Densidade: 230.9 hab/km

Utilizando o conceito de blocos econômicos temos o bloco dos países emergentes, Brasil, China, Índia, México, Rússia, África do Sul, Turquia, Indonésia e Tailândia e o bloco dos países desenvolvidos: França, Alemanha, Itália, Japão e Reino Unido.

Bloco dos países emergentes:
Área Total: 44.852.085 km²   População: 3.248.911611 hab.
Densidade: 72,44 hab/km

Bloco dos países desenvolvidos:
Área Total: 1.823.001 km²   População: 393.794.790 hab.
Densidade: 216,01 hab/km

A área territorial do bloco de emergentes é 24,8 vezes maior que a área dos países desenvolvidos. Já a população dos emergentes é 8,25 vezes maior que a dos países desenvolvidos, que perfazem 216,01 habitantes por km², enquanto os emergentes ficam na casa dos 72,44 km².

Isso significa dizer que, apesar do grande potencial que a baixa renda apresenta nos mercados emergentes, é necessária uma análise minuciosa para definir a estratégia nesse mercado, pois a população potencialmente consumidora está espalhada pelos territórios.

Em todos os países emergentes vamos encontrar pólos de concentração de público de baixa renda com um potencial maximizado para o consumo, que empresas como a Casas Bahia na Grande São Paulo e região do ABCD e o Magazine Luiza no interior de São Paulo, perceberam.

O constante movimento expansionista das empresas e a ação direta da concorrência fazem com que as empresas busquem novos clientes em outras praças e é nesse momento que o fator territorial torna-se dificuldade.

Como atender o consumidor de baixa renda em localidades distantes e de acesso difícil? Como entregar uma TV ou geladeira no interior do sertão de Pernambuco nas mesmas condições de preço, prazo, crédito e pagamento das lojas da periferia de São Paulo, Rio, Minas e Porto Alegre?

Qual o custo de logística necessário para manter entrepostos de estocagem nessas regiões? O volume de venda será suficiente para cobrir esses gastos?

Como operar uma linha de crédito para um trabalhador rural ou cortador de cana que têm seus recebimentos acompanhando a sazonalidade da safra da mesma forma como é concedido crédito a um camelô da rua 25 de Março?

Qual a ferramenta para não estimular a inadimplência? Como operacionalizar o recebimento de faturas ou a cobrança dos atrasados em regiões tão distantes? O custo de recebimento será viável perante o valor a receber?

O mercado consumidor de baixa renda não deixa de ser interessante, seu potencial é enorme, mas cabe avaliar dificuldades para traçar políticas corporativas coerentes, para ampliação de um negócio já existente ou criação de um negócio novo voltado ao mercado consumidor de baixa renda.

9.7 O DIFÍCIL ECOSSISTEMA

No modelo de negócio voltado para a base da pirâmide desenvolvido por Prahalad, a espinha dorsal gira em torno do ecossistema, de empresas e instituições privadas e públicas

A dificuldade de construção de um ecossistema nesses moldes intimida e desestimula muitos profissionais e organizações, como reconhece Prahalad:

Têm sido escasssas as iniciativas no sentido de enfocar a natureza simbiótica dos relacionamentos entre vários participantes institucionais do setor privado e social que possam levar ao rápido desenvolvimento de mercados na base da pirâmide.

Agregar interesses, muitas vezes, tão distintos, como os das pequenas e médias empresas com as multinacionais e do setor privado com o público é uma tarefa no mínimo intricada e abstrusa.

A interação entre setores tão distintos produz uma cadeia emaranhada de relacionamento e de administração muito complexa, cenário que ocasiona o desgaste entre as relações e problemas de toda ordem.

As pequenas e médias empresas testaram a sua simbiose com empresas de maior porte e os setores público e privado demonstram, ao longo de sua relação, posicionamentos unilaterais em diversas oportunidades.

9.7.1 PROBLEMAS DE RELACIONAMENTO

Problemas de relacionamento são uma constante no mundo dos negócios.

O termo *business* (negócios) está originalmente atrelado ao conceito de troca, a transferência mútua de bens ou serviços entre indivíduos ou empresas.

Quando questões como lucro, concorrência acirrada, política expansionista, rentabilidade dos acionistas e oscilações econômicas internas ou externas interagem entre si, as consequências são imprevisíveis.

Diferenças entre as partes começam a surgir e o inevitável desgaste da relação precipita-se.

Segundo Karl von Clausewitz. (Al Ries e Jack Trout, 1989)

A guerra está presente na concorrência empresarial: um conflito de atividades e interesses humanos.

A conciliação desses conflitos de atividades e interesses humanos, corporativos e governamentais torna a criação de um ecossistema participativo um obstáculo sem precedentes na criação de valor dentro desse modelo de negócio.

A sobrevivência de uma empresa depende de ações constantes, maleáveis e heterodoxas, a fim de conseguir com velocidade suficiente adequar-se às demandas e necessidades de uma economia de mercado globalizada.

9.7.1.1 A DIFERENÇA DE PORTE

A diferença de porte é um dos fatores de complicação, que pode criar uma situação de dependência entre as pequenas e médias empresas em relação as grandes empresas.

A demanda por serviços e produtos das empresas grandes é alta e a criação de parceria com uma pequena empresa exige investimentos para suprir tal demanda e, por vezes, "abrir mão" de mercados já consolidados para convergir forças e produção no atendimento da parceria.

A situação transcorre de maneira otimizada para ambas as partes, até que o mercado apresente qualquer sinal de retração, quando a grande empresa vê-se perante duas alternativas: reduzir a demanda ou reduzir preços.

Em ambas as situações o reflexo atingirá em cheio a pequena empresa, pois reduzir demanda é reduzir produção e faturamento, diminuindo a vitalidade financeira das pequenas e médias empresas em honrar os compromissos assumidos e reduzir preço é reduzir ainda mais a pequena margem existente, pois a parceria com grandes empresas propicia ganho de escala para as pequenas e médias, mas jamais aumento de margens. Por diversas vezes, nessa encruzilhada, as pequenas empresas sucumbem e, em casos extremos, vão à falência.

9.7.1.2 A FALTA DE PROFISSIONALISMO

As grandes empresas realizam parcerias com pequenas e médias empresas, planejam suas ações e projeções baseadas nos acordos comerciais estabelecidos.

Quando as pequenas e médias empresas, por má administração ou falta de recursos (financeiro ou pessoal) ou por puro oportunismo, deixam de atender as demandas e necessidades dos parceiros comerciais, ocasionam a estes prejuízos financeiros e de imagem.

9.7.1.3 PODER DE BARGANHA

Em um cenário de disputa acirrada por destaque no complexo mercado de consumo, o poder de barganha tem importância vital na relação entre as organizações, podendo gerar relacionamentos ganha-ganha, bem como desgastes e dependência forçada de uma empresa em relação à outra.

O "poder" concedido a empresas, em função do seu poderio financeiro, pode determinar quais empresas terão sucesso ou não em função do seu posicionamento de compras no mercado.

A relação de dependência pode ocorrer entre empresas de grande porte. Já numa relação entre empresa de grande porte com empresas de médio e pequeno porte os efeitos podem passar de danosos para irreversíveis.

> Em 2002, a Casas Bahia vendeu 18% das 4,5 milhões de televisões produzidas no Brasil. Consequentemente, a empresa pode determinar o sucesso ou o fracasso de um fornecedor em mercados locais. Allan Barros, diretor de Móveis, contou a história de um fornecedor da Casas Bahia: No ano passado, a Mitsubishi ficou fora das nossas lojas de junho a dezembro. Em seis meses, caiu da terceira para a décima quinta posição nas vendas de televisões no Brasil.(Awad, Elias 2007).

Seria esse um ecossistema participativo ou uma demonstração de força? Uma relação de troca harmônica ou uma lição?

9.7.1.4 PÚBLICO X PRIVADO

Em janeiro de 2008, o Governo Federal aumentou de forma arbitrária a IOF (Imposto sobre Operações Financeiras) para compensar a perda de arrecadação ocorrida meses antes com o fim da CPMF (Contribuição Provisória sobre Movimentação Financeira). Tal ato teve reflexo direto na produção, pois taxou diversas operações do setor produtivo, que até então eram isentas desse imposto. Operações via BNDES (Banco Nacional de Desenvolvimento Econômico e Social), que normalmente financiam a construção de fábricas e projetos comerciais e o FINAME, linha de crédito usada pelas empresas para compra de máquinas a fim de modernizar a linha de produção, também foram taxadas. Essa atitude criou um benefício paliativo para o governo naquele momento, mas gerou perdas consideráveis à indústria e ao comércio em geral.

Outro exemplo da incompatibilidade nas políticas públicas e privadas é o estudo do governo, de março de 2008, que visa restringir o crediário, o que limitaria o financiamento de veículos de até 99 parcelas para 36.

9.7.1.5 A DISCUSSÃO DO MODELO

Prahalad ao longo do seu estudo com a base da pirâmide aponta o trabalho eficiente de empresas ao redor do mundo que conseguiram auferir lucros e incrementar o moral dessa parcela da população.

Um desses casos estudados é o da Casas Bahia, um exemplo de relacionamento entre uma instituição privada e o público da base da pirâmide, não só criou um sistema de concessão de crédito próprio e inovador, permitindo a inclusão no mercado de consumo de milhares de pessoas da economia informal, como também é um exemplo de respeito e de dignidade na forma de atendimento, despertando a autoestima e a vivacidade do consumidor de baixa renda.

No entanto, apesar de todos esses predicados a Casas Bahia não se encaixa no ecossistema proposto por Prahalad.

Não existe informação a respeito da colaboração de ONGs nos muitos anos de estrada das Casas Bahia.

O governo acompanhou o crescimento estratosférico da empresa porém, sem qualquer ajuda ou colaboração no modelo de negócios de venda de eletroeletrônicos e móveis da Casas Bahia, desferiu inúmeros e potentes golpes contra a indústria e o comércio pelos mais inusitados planos econômicos que tentavam desesperadamente conter a inflação dominante no país, no final dos anos 80 e início dos anos 90.

A saga da Casas Bahia é contada por inúmeras aquisições e a política implantada pelo seu fundador Samuel Klein é desenvolver soluções caseiras para manutenção do desenvolvimento. Na história da Casas Bahia não existe influência significativa de parceiros ou fornecedores de pequeno ou médio porte. O respeito e a importância que conquistou perante os grandes fornecedores foi graças ao seu arrojo e, principalmente, pelo poder de compra.

>   ...Samuel nunca aceitou a terceirização de serviços na Casas Bahia. Recebeu muitas propostas interessantes em termos financeiros, mas rejeitou-as. Poderia perder qualidade...(Awad, Elias 2007)

Até a sua rede de venda porta a porta realizada por mulheres, mantida até 1984, em nenhum momento contou com uma ação organizada de associação ou instituição beneficente. Todas as promotoras eram funcionárias e recebiam de acordo com a venda.

O modelo de negócio Casas Bahia nega um ecossistema participativo para a criação de negócios lucrativos na base da pirâmide. Seu império varejista, com uma administração familiar, horizontal, atende o consumidor do momento da compra até ao momento final da entrega do produto.

O sucesso da Casas Bahia se dá muito mais pela garra, arrojo e disposição em empreender sempre e da inteligência de seu proprietário que soube, décadas antes da concorrência, enxergar um mercado potencial e adequou as suas ferramentas para atender a essa parcela de consumidores, da extrema capacidade do Samuel Klein em articular, antever, planejar e executar ações que iam contra o posicionamento típico do mercado.

O senso aguçado de estrategista de seu fundador fez o diferencial ao longo do tempo para a Casas Bahia.

Não se trata de discordar do sistema proposto por Prahalad, pois como todo modelo de negócio ou tese é ponto de partida para discussões, aperfeiçoamentos e desenvolvimento de novas teorias.

Trata-se de apontar falhas no modelo, direcionar as empresas e empresários para as dificuldades em convergir esforços, produtos e serviços ao público da base da pirâmide.

O mercado é muito grande e latente para o consumo? Sim.

Mas nem todas as empresas estarão aptas a atender a essa nova demanda que se instala no Brasil e no mundo. Os modelos de negócio que otimizem os resultados junto a essa parcela da população devem ser criteriosamente avaliados segundo as características do produto e os fundamentos econômicos e sociais de cada país.

9.8 CORRUPÇÃO

A corrupção é um problema endêmico, estrutural e histórico no Brasil e na grande maioria dos países emergentes, onde se encontra a maior parte da população de baixa renda.

A solução para a erradicação da pobreza passa antes pela solução e a erradicação da corrupção.

Não existe sistema corporativo imune aos níveis de corrupção instalados, em diversas nações em desenvolvimento.

Sistemas fiscais arcaicos, gerenciamentos tributários que atendem interesses específicos, fiscais corruptos e falta de fiscalização e punição são algumas das escoras que o sistema alternativo utiliza para interagir e vender produtos e serviços aos consumidores de forma ilegal e ilícita, mas a preços extremamente convidativos e, muitas vezes inclusivos ao consumidor em determinado mercado.

O mercado consumidor de baixa renda, pelo seu poder aquisitivo relativamente baixo, é suscetível ao "ataque" desses produtos ditos "genéricos".

9.8.1 INFORMALIDADE 1 X 0 POLÍTICA EMPRESARIAL

Políticas empresariais com regimes conforme as normas sofrem derrotas sucessivas frente ao nível de informalidade de alguns setores.

Na luta incansável, incessante e emblemática da indústria fonográfica contra os CDs piratas, reprodução e cópia ilegal dos trabalhos, os resultados ainda são muito insatisfatórios. Cópias ilegais continuam a roubar mercado das cópias legais, vendidas sem dificuldades pelas ruas e lojas do ramo.

O problema da falsificação está além das fronteiras do péssimo sistema fiscal e acachapante carga tributária imposta pelo governo às empresas. É um problema civil/criminal, pois, na maioria dos casos, o sistema é controlado por organizações criminosas que, com a alta rentabilidade proporcionada por esse tipo de negócio, ramifica rapidamente o seu poder de influência para áreas e segmentos importantes da sociedade.

9.8.2 O TAMANHO DA FALSIFICAÇÃO

A falsificação é um fator limitador de inserção de alguns produtos no mercado consumidor de baixa renda.

A equação da falsificação segue um princípio de alto valor agregado e pequeno formato ou seja, os produtos, focos de falsificação, normalmente são de pequeno tamanho, como, CDs, softwares, cigarros, bebidas, roupas, relógios, entre outros.

Os artigos eletrônicos são a preferência dos falsários por terem alto valor agregado para venda e no mercado de baixa renda, são os de menor penetração, devido à sofisticação e alto custo, mesmo falsificados.

O problema são os produtos de pequeno formato, cuja falsificação é fácil, assim como a produção em larga escala.

Exemplo clássico é o CD, mas cigarros, bebidas, roupas de grife, entre outros, tsambém sofrem com a desleal competição dos produtos que levam sua marca, mas que são cópias mal feitas e produzidas de forma ilegal.

Todo produto voltado à baixa renda deve atentar para a possibilidade de propiciar uma concorrência desleal por um genérico falsificado.

Alguns produtos são imunes, caso dos eletroeletrônicos de grande porte, pois a dificuldade em falsificar, estocar e comercializar inviabiliza o crime.

Imagine a dificuldade de falsificação de uma TV ou de uma geladeira!

9.8.3 A INFORMALIDADE

Além dos problemas ocasionados pela indústria da falsificação, as empresas ainda têm de enfrentar a competição desigual entre a formalidade e a informalidade generalizada instalada em diversos países emergentes detentores da maior fatia consumidora de baixa renda no mundo.

Pela formalidade as empresas estão estabelecidas de acordo com as normas e padrões vigentes e recolhem de maneira contínua e regular as obrigações na forma de impostos e taxas.

As empresas informais exercem enorme impacto na economia, pois muitas não estão regularmente abertas, ou seja, não existem perante o sistema ou na informalidade a fim de conseguir maior margem de rentabilidade e um diferencial competitivo em relação às marcas-líderes: o preço baixo.

A informalidade se dá muitas vezes por questão de sobrevivência para as empresas mas, em muitos casos ocorre de forma predatória a fim de criar condições desiguais de competição.

Assim, diversos produtos são oferecidos no mercado, a estrutura é simples e o padrão é o mesmo, independente do setor ou tipo de produto.

Cria-se um produto, espelho de um produto líder, ou seja, copia-se um produto de sucesso no mercado. Produz-se uma cópia com uma qualidade inferior e por vezes até questionável, precifica-se muito abaixo da marca-líder, pois o seu custo de produção, matéria-prima e pagamento de impostos são irrisoriamente menores e por vezes inexistentes, e coloca-se no mercado a disposição do consumidor.

Essa distorção proporciona aos informais seduzirem a parcela de consumidores de baixa renda, buscando a sua atenção pelo fator preço.

Produtos, como palhas de aço, detergentes, utensílios plásticos, alimentícios, entre milhares de outros, seguem esse padrão de comercialização.

9.8.4 PORNOGRAFIA PATROCINADA

Não se trata de defender a informalidade, prejudicial à livre competição e à economia nacional, de uma maneira geral mas, cabe um alerta: segundo a revista Veja (nº 2.050 de 03/08), hoje, no Brasil, os impostos e taxas correspondem a mais de 100 dias trabalhados das organizações ou 2.600 horas por ano, gastos na burocracia para cumprir todas as obrigações com o fisco, algo sem paralelo no mundo.

Existem, até 2008, 63 impostos e contribuições com os quais as empresas têm de lidar diariamente. Essa cascata de impostos é apenas um dos problemas.

A complexidade da legislação e suas peculiaridades que variam de Estado para Estado são outros complicadores para as empresas interagirem nos mercados. O ICMS (Imposto sobre Circulação de Mercadorias e Serviços) é o exemplo dessa situação surreal de competição predatória entre os Estados, com 27 normas de aplicação, uma para cada Estado da federação.

Essa pornografia é patrocinada pelo governo, Estados e municípios, que mascaram sua falta de competência ao longo de décadas na forma de aumento e criação de novos tributos, a fim de incrementar a arrecadação e cobrir rombos seguidos de gestões duvidosas e incompetentes.

A minimização da informalidade se dará proporcionalmente a profundas reformas no sistema tributário nacional que, invariavelmente, são pauta de promessas de campanha dos mais diversos partidos, mas que sempre esbarram em interesses que atendem à necessidade de uma mínima parcela da população.

9.8.5 CASE LOW PRICE*

* Entrevista com um executivo de uma multinacional, que não quer seu nome nem o nome da empresa divulgados.

Uma multinacional de grande expressão tem nos últimos anos investido no Brasil e ao redor do mundo em políticas voltadas ao segmento de baixa renda, nos mais diversos ativos de seu portfólio.

Os resultados têm sido extremamente satisfatórios em muitas áreas, mas alguns problemas têm se tornado obstáculos intransponíveis para muitos produtos em diversas partes do planeta.

No Brasil, não tem sido diferente e a estratégia *low price* da empresa esbarrou em dois problemas crônicos: a informalidade e o tradicionalismo do mercado.

A divisão de alimentos da empresa desenvolveu formatos e produtos exclusivamente para atender a baixa renda e integrar-se a política *low price*.

Criou uma linha de chocolates que atendiam a necessidade do consumidor de baixa renda em todos os aspectos necessários: formato, comercialização, embalagem, design, marketing e, sobretudo preço.

Finalizada a pesquisa, planejamento e execução, foi a vez da inserção no mercado. Aí começaram a surgir as dificuldades.

9.8.5.1 TRADIÇÃO

O chocolate da empresa foi inserido em todos os mercados do Brasil. Em mercados regionais, como o Nordeste, encontrou a resistência da população que preferia as marcas tradicionais.

A empresa inseriu sabores, recheios e aromas típicos da região nos produtos, apresentação visual mais atraente, preço reduzido em relação à concorrência e qualidade garantida por uma marca reconhecida e consolidada no mercado. Mesmo com essa lista de predicados, a população insiste em prestigiar o produto e a empresa regional e tradicional do Estado.

A população de baixa renda tem por característica a tradição como fator cultural arraigado na sua opção de consumo.

O caráter sólido de relacionamento da baixa renda com os seus fornecedores pode ser fator decisivo para o sucesso de uma empresa nesse segmento. Mais que uma relação comercial, reconhece produtos e serviços como ícones no seu meio de consumo e o carinho e a gratidão que tem por esses produtos não se esvai tão facilmente através de uma embalagem nova ou pequeno diferencial de preço.

9.8.5.2 INFORMALIDADE

Nos estados da federação as dificuldades da empresa em colocar o seu produto esbarraram na informalidade dos pontos de venda.

O chocolate da empresa seria distribuído além das redes normais do varejo alimentício, em estabelecimentos de pequeno porte, como bares, mercearias e bancas de jornal com o intuito de penetrar de forma maciça no dia a dia do consumidor de baixa renda.

Para a comercialização a empresa disponibilizava, para todos os estabelecimentos, expositores especiais para auxiliar e chamar a atenção do consumidor de baixa renda.

Como toda empresa estabelecida de acordo com as normas e regras do sistema econômico e algumas outras em função do seu porte, a empresa não conseguiu a penetração esperada e começou a perceber concorrência desleal do setor informal.

9.8.5.2.1 CADASTRO

A dificuldade número um da empresa foi o sistema de cadastro dos pontos de venda.

Como toda grande empresa, o cadastro e a liberação de crédito seguem algumas regras.

O cadastro é ferramenta importante, pois ele possibilita a rastreabilidade e o acompanhamento dos estabelecimentos parceiros na comercialização de qualquer produto.

Para a criação do cadastro são necessárias algumas informações básicas, como faturamento, contrato social, CNPJ, inscrição estadual, referências bancárias e comerciais.

Eis o início do problema de relacionamento entre fornecedor e clientes. Muitos estabelecimentos não dispunham de todas as informações necessárias. Quando dispunham, encaravam como um trabalho extra sem valor agregado ter que reunir essas informações além do trabalho habitual.

Em diversos outros estabelecimentos o sistema de trabalho era informal, ou seja, não existiam juridicamente falando.

Nesse cenário a empresa viu diminuir drasticamente o número de pontos de venda aptos a receberem seus produtos.

9.8.5.2.2 PAGAMENTO

A forma de pagamento também dificultou bastante a penetração da empresa nesse mercado.

Em toda empresa minimamente organizada, as faturas dos chocolates são enviadas via correio e devem ser pagas em um banco, com um prazo médio de 30 dias. Já os concorrentes informais não emitem faturas, recebem os montantes devidos nos próprios estabelecimentos, aceitando pagamentos em dinheiro e em cheques de terceiros, com a possibilidade de renegociar o prazo de pagamento imediatamente, conforme a necessidade, mediante contrapartida de juros no montante devido, mas com a garantia total de que o nome da empresa não apareça como devedor junto aos órgãos competentes.

9.8.5.2.3 DIFICULDADES VERSUS FACILIDADES

As dificuldades encontradas pela multinacional para penetração no mercado de baixa renda foram muitas, colocando em xeque hoje a viabilidade de atuar nesse mercado com esse produto.

As facilidades seduzem o comerciante e desequilibram a concorrência, influenciando a opção e opinião dos empresários do ramo.

O desequilíbrio na concorrência se dá por causa não da competência corporativa de uma empresa sobre a outra, mas sim por fatores intangíveis e fora do alcance de solução por parte das empresas formais.

O desequilíbrio é fomentado pela corrupção, falta de fiscalização, de punição e conflito de interesses que jamais servem à população.

9.9 O PODER DO DISCERNIMENTO

A força e o poder da informação são fatores determinantes hoje em qualquer sociedade para a construção de opiniões e posicionamentos a respeito de um sem-número de assuntos.

No comércio informação também exerce papel fundamental na consolidação de um posicionamento de compra do consumidor moderno.

O maior acesso da população e principalmente do consumidor de baixa renda às mídias de rádio, TV e jornal e a crescente conectividade que a internet tem possibilitado, ainda que muito restrita nessa faixa da população, possibilitam ao consumidor receber maior número de informações a respeito de determinado produto ou serviço, antes de consumar o ato da compra.

A informação é o caminho ideal para o consumidor de baixa renda melhorar a qualidade e o entendimento do seu processo de compra.

Mas, em termos populares foram dados ao consumidor de baixa renda a vara, a isca e o anzol, mas deliberadamente o furtam do essencial que é como pescar.

A informação existe, está muito mais acessível a todos, mas o consumidor de baixa renda, devido ao baixo nível escolar, não tem poder suficiente de discernimento para processar tais informações e individualmente tirar suas próprias conclusões e fazer exigências e reclamações a respeito do processo de consumo.

Recebe, em alguns casos, as informações como verdade absoluta e como parâmetro para o consumo. Apesar da grande disponibilidade de informações, nem sempre as mesmas dispõem da qualidade mínima necessária para uma absorção direta.

As comunicações e informações em muitos casos, principalmente na propaganda, são dirigidas, indutoras com o objetivo de iludir o consumidor, destacando e criando apenas aspectos positivos de uma situação, produto e serviço.

A informação e os meios de veiculação em alguns casos não merecem credibilidade para constituírem formadores de opinião, pois são construídas a partir de interesses individuais, onde o valor monetário do dinheiro é mais importante que a credibilidade e a idoneidade da instituição/informação.

Apesar da grande disponibilidade de informações no mercado, é essencial que se crie uma dinâmica de cruzamento de informações e análises a respeito de determinado tema, para, só então, constituir um posicionamento final para uma situação.

Nesse momento é que o consumidor de baixa renda fica alijado do cenário, com seu discernimento comprometido devido à dificuldade de raciocínio, limitada pelos poucos anos de estudo.

Com base no PNAD/IBGE 2006 (Pesquisa Nacional por Amostras de Domicílio), a Secretaria Geral da Presidência realizou, em 2008, um estudo que apresenta dados desoladores.

Dos 34 milhões de jovens urbanos do país, 7,4 milhões tiveram de um a sete anos de estudo, período insuficiente para a formação mínima no ciclo normal de estudos, e 813,2 mil são analfabetos.

No topo da lista de exclusão estão cinco Estados do Nordeste. O líder é Alagoas, com 46% dos jovens em uma das duas situações. Na outra ponta do ranking está São Paulo, com 15% de exclusão.

... todas as casas tem muito brilho nos móveis, elas gostam desses móveis grandes porque parecem mais ricos. Mas eu acho, tenho a sensação que falta <u>a educação</u>, falta mostrar, mostrar efetivamente, mostrar com exemplo, pois eles não têm como ser mostrado...

Marcelo Rosembaun, em entrevista ao autor.

9.10 A MATEMÁTICA

A dificuldade de discernimento é reflexo direto da falta ou do baixo nível de educação dessa parcela da população.

Os resultados do Sistema de Avaliação de Rendimento Escolar do Estado de São Paulo (SARESP 2007), mostram que 70% dos alunos da rede estadual de ensino concluíram o terceiro ano de ensino médio sem saber operações matemáticas básicas como transformar uma unidade de medida de metro para centímetros ou resolver problemas de subtração de números decimais menores que 10.

Infelizmente não apenas a matemática apresentou desempenho pífio, mas também apenas 21% dos alunos da rede estadual tiveram desempenho considerado adequado em Língua Portuguesa. Os resultados do maior e mais rico Estado da federação apontam um parâmetro nada alentador do ensino por todo o país (*Estado de São Paulo*, 14/03/08).

Os resultados do ENEM (2007) expõem o abismo entre a qualidade do ensino privado e público. Ensino público que responde por quase 100% da formação das pessoas menos favorecidas, provenientes das classes C, D e E, responsáveis pelo boom de consumo nos últimos anos.

Um exemplo do disparate entre a qualidade da educação entre os setores, pode ser o da capital paulista, onde, no ENEM 2007, 75% das escolas estaduais tiveram nota inferior, a pior nota de um colégio particular.

Isso significa dizer que das 572 escolas mantidas pelo governo do Estado, apenas 157 conseguiram média acima de 50,8 obtida pela pior média dentre os colégios particulares.

A melhor média de um colégio público foi de 59,27 numa escala de referência de 0 a 100 (*Folha de São Paulo*, 04/04/08).

A paródia seguinte, sobre a evolução do ensino da matemática no Brasil, trata da desqualificação do ensino ao longo do tempo e da dificuldade de pessoas, em geral ditas alfabetizadas, lidarem com um dos aspectos mais básicos do ensino e de pertinência total nos dias de hoje para um consumo consciente, que é a matemática.

Eu não gosto de matemática, não. Eu gosto de matemática com dinheiro no bolso. Sem dinheiro no bolso eu não preciso de matemática (Dircenéia, entrevistada pelo autor).

9.10.1 A DIFICULDADE

Semana passada comprei um produto que custou R$ 1,58. Dei à balconista R$ 2,00 e peguei na carteira R$ 0,08, para evitar receber ainda mais moedas miúdas.

A balconista pegou o dinheiro e ficou olhando para a máquina registradora, aparentemente sem saber o que fazer.

Tentei explicar que ela tinha que me dar 50 centavos de troco, mas ela não se convenceu e chamou o gerente para ajudá-la. Ficou com lágrimas nos olhos enquanto o gerente tentava explicar e ela aparentemente continuava sem entender (paródia de autor desconhecido).

9.10.2 A EVOLUÇÃO DO ENSINO DA MATEMÁTICA NO BRASIL.

"1. Ensino de matemática em 1950:
Um cortador de lenha vende um carro de lenha por R$ 100,00. O custo de produção desse carro de lenha é igual a 4/5 do preço de venda. Qual é o lucro?

2. Ensino de matemática em 1970:
Um cortador de lenha vende um carro de lenha por R$ 100,00. O custo de produção desse carro de lenha é igual a 4/5 do preço de venda ou R$ 80,00. Qual é o lucro?

3. Ensino de matemática em 1980:
Um cortador de lenha vende um carro de lenha por R$ 100,00. O custo de produção desse carro de lenha é R$ 80,00. Qual é o lucro?

4. Ensino de matemática em 1990:
Um cortador de lenha vende um carro de lenha por R$ 100,00. O custo de produção desse carro de lenha é R$ 80,00. Escolha a resposta certa, que indica o lucro:
( ) R$ 20,00   ( ) R$40,00   ( ) R$60,00   ( ) R$80,00   ( ) R$100,00

5. Ensino de matemática em 2000:
Um cortador de lenha vende um carro de lenha por R$ 100,00. O custo de produção desse carro de lenha é R$ 80,00. O lucro é de R$ 20,00. Está certo?
( ) SIM ( ) NÃO

6. Ensino de matemática em 2007:
Um cortador de lenha vende um carro de lenha por R$100,00. O custo é de R$ 80,00. Se você souber ler, coloque um X ao lado do R$20,00.
( ) R$ 20,00   ( ) R$40,00   ( ) R$60,00   ( ) R$100,00".*

Quem não reconhece nessa paródia, semelhança com situações reais do dia a dia? Quem não percebe qualquer vínculo da paródia com a real situação do ensino no Brasil.

Carlos Sampaio, pai de um aluno da quarta série do ensino fundamental da rede estadual, em entrevista para o Último Segundo, afirma:

---

* Paródia retirada da internet, visitada em 22/03/2008, autor desconhecido.

"Meu filho sabe contar, mas se atrapalha muito para fazer contas simples, como do troco que precisa receber. Mas na escola ele até que tem notas razoáveis e passa de ano sem problemas".

Sampaio exime os professores de culpa pela dificuldade de seu filho. Para ele, o governo deveria rever suas políticas públicas voltadas para a educação. "O governo não reprova mais e assim o aluno não se sente mais desafiado a aprender", reclama.

9.10.3 JUROS, UMA INCÓGNITA

Com problemas básicos em matemática, o consumidor de baixa renda passa a ser alvo fácil da oferta de produtos financeiros que visam "facilitar" suas operações de compra.

A baixa escolaridade e o baixo poder de discernimento provocam um descolamento real das suas possibilidades imediatas de compra e de suas necessidades primárias e essenciais.

Um levantamento realizado nas capitais São Paulo, Rio de Janeiro, Porto Alegre, Recife, Salvador e Curitiba e nas cidades de Campinas e Ribeirão Preto, em São Paulo, revela que 74,5% dos consumidores pesquisados não sabem as taxas de juros embutidos nas operações de empréstimo.

A pesquisa, elaborada pela Fractal, envolveu consumidores com salários acima de R$ 250 e com idade a partir de 20 anos.

De acordo com o estudo, com o crescimento na geração de empregos para salários baixos, na faixa de três salários mínimos (R$ 1.140), as financeiras e bancos estão vendo nas classes C, D e E um bom negócio no que diz respeito ao mercado de crédito.

Esses consumidores, optam por financeiras e bancos que aprovem o crédito de forma rápida, tenham baixa taxa de juros, limite de crédito adequado a sua necessidade e maior prazo para o primeiro pagamento.

O que mais importa para o cliente, no entanto, é o valor da prestação. Se ela cabe no bolso, ele compra o produto, mesmo que no final acabe pagando o dobro do preço que pagaria, se o item fosse comprado à vista.

Entre os produtos oferecidos por bancos e financeiras, os que tiveram crescimento na demanda em 2007 foram cartões de crédito e financiamentos do tipo CDC (Crédito Direto ao Consumidor). Dos consumidores que vão às financeiras, 50% procuram por CDC e 59%, pelo cartão de financiamento (vestuário e alimentos).

De acordo com a pesquisa, o movimento resulta em novos consumidores. A classe de baixa renda pode comprar produtos que antes não podia, entre eles, o carro zero. O aumento de 6% do uso do cartão de crédito de banco e 4% do empréstimo financeiro pré-aprovado em financeiras também contribuiu para o crescimento no número de consumidores.

Segundo a pesquisa, o consumidor das classes C, D e E gasta, em média, R$ 245 mensais com a prestação do carro financiado. Isso é mais do que o aluguel do imóvel onde vive que fica em média R$ 236. Outra peculiaridade é o pagamento da fatura do cartão de crédito. Ele está entre as cinco prioridades de pagamento de contas, antes mesmo do aluguel do imóvel (consumidor.blogspot em 08/07).

9.10.4 PRODUTOS FINANCEIROS

Os produtos financeiros são grandes aliados do consumidor de baixa renda para gerar capital disponível para compra ou sanar problemas emergenciais dentro do seu dia a dia. A análise de um desses produtos financeiros disponíveis no mercado por uma das grandes financeiras que hoje está associada a um dos maiores bancos de varejo do país, fornece a clara ideia do funcionamento desse tipo de produto.

O produto de caráter emergencial, visa sanar o problema imediato do consumidor, pequenas dívidas que influenciam o seu bem-estar, ou seja, a financeira se predispõe a quitar de imediato as pequenas contas em atraso, referentes a água, luz e gás, para evitar o corte desses insumos básicos e necessários.

9.10.4.1 O MECANISMO

Invariavelmente as contas desses insumos para o consumidor de baixa renda giram na faixa de R$ 50,00.

A financeira disponibiliza esse valor de imediato para a quitação do débito e lhe oferece mais 40 dias "de graça" para que salde o débito com a financeira sem juros e pelo mesmo valor emprestado.

Mas para que o consumidor faça o pagamento através da financeira são cobrados módicos R$ 2,99 por título pago. Como a média de empréstimo da financeira per capita é na faixa de R$ 40,00 nesse tipo de produto, os módicos R$ 2,99 transformam-se em 7,5% de juros sobre o dinheiro emprestado cobrados antecipadamente!!!

Caso o consumidor não salde o débito até a data do vencimento, automaticamente passa a incidir sobre o total do débito juros da ordem de 12% ao mês.

De maneira sutil esse produto é abusivo do ponto de vista dos juros, portanto caro para o consumidor de baixa renda, mas, pela incapacidade de raciocínio, torna-se um produto de referência e satisfação para esse consumidor.

9.11 DADOS SOBRE EDUCAÇÃO NO BRASIL

A educação no Brasil é prioridade de segunda categoria, há muito tempo, e os números que refletem essa realidade são vergonhosos e vexatórios.

O Brasil aparece na 71° posição do ranking da Organização para as Nações Unidas para a Educação Ciência Cultura (Unesco) que avalia o desempenho educacional de 121 países, com base no Índice de Desenvolvimento da Educação (IDE). Obtido pela soma de dados da alfabetização, matrícula na escola primária, qualidade da educação e paridade de gênero na escola.

O problema do Brasil poderia ser a falta de recursos, como alguns países que dividem com ele o ranking, mas não, pois o Brasil figura entre as 15 maiores economias do mundo, segundo o Banco Mundial.

O Brasil figura na inaceitável lista dos 12 países que concentram 75% de toda a população do mundo, com idade superior a 15 anos, que não sabem ler ou escrever.

Para o total de analfabetos ao redor do globo o Brasil sozinho contribui com 1,9% desse total.

São Paulo, o Estado mais rico da federação, apresenta grau de desenvolvimento, em diversos setores, similar a muitos países de primeiro mundo, mas é uma mostra real da falta de políticas públicas voltadas ao ensino para as camadas menos favorecidas. Os números do SARESP (2007), atestam os reflexos diretos danosos ao desenvolvimento constante e sólido de uma sociedade.

Cerca de 95% dos alunos do ensino médio de escolas estaduais de São Paulo não conseguem interpretar dados de gráficos e fazer cálculos de porcentagens. 78,8% têm dificuldades de estabelecer relação de causa e consequência entre partes de um texto e distinguir um fato de uma opinião.

Segundo a Secretaria Estadual de Educação, alunos da quarta série do ensino fundamental deveriam saber resolver problemas de escala decimal de cédulas e moedas. No entanto, 80,8% dos estudantes da quarta série apresentaram resultados "abaixo do básico" e "básico" em matemática. Apenas 36,6% tiveram resultado "adequado" ou "avançado". (Último Segundo 06/08)

9.12 EDUCAÇÃO*

* Ecleide Cunico Furlanetto é doutora em Educação pela PUC-SP, coordenadora do Programa de Mestrado em Educação da UNICID.

Os resultados das avaliações sobre o desempenho de alunos que frequentam as Redes Públicas de Ensino denunciam a existência de uma "Crise na Educação". A sociedade clama por uma escola mais competente e tece duras críticas às suas práticas, considerando-se vítima de seu fracasso. Refletir sobre essa crise implica pensar, inicialmente, sobre o que se considera Educação.

Muitos ouviram falar ou frequentaram a Escola Tradicional, e em relação a ela guardam sentimentos ambíguos. Por um lado, há um reconhecimento de que cumpriu seu papel garantindo a realização de algumas aprendizagens consideradas valiosas e introduziu seus alunos no mundo mais amplo da cultura. Por outro lado, sabe-se, também, que ela procurou moldar os que sentaram em seus bancos adequando-os a normas preestabelecidas, nem que para isso fosse necessário exercer seu poder destrutivo. A escola comprometida com a transmissão da tradição assumia um discurso prescritivo em relação a como o aluno devia ser e aprender e os que não se adaptavam às suas normas eram excluídos, levando com eles marcas de um fracasso precoce.

A existência da Escola Tradicional foi possível em um determinado momento histórico em que o passado iluminava o futuro, em que a tradição era valorizada e a autoridade do professor e dos adultos em geral respeitada. A figura do professor aproximava-se de Pigmaleão, o escultor que tenta criar o outro a sua imagem e semelhança.

Atualmente, vivemos tempos de passagem, nos quais as certezas estão se derretendo e as mudanças, geradas, por novos olhares lançados sobre o mundo como os de Marx, Freud, Foucault no século passado e pelos movimentos sociais como o feminismo, o movimento Hippie, as revoltas estudantis e raciais e os movimentos revolucionários enfraqueceram os alicerces de uma cultura fundamentada na tradição.

Paralelamente, o advento das Novas Tecnologias gerou a Sociedade da Informação e contribuiu para deslocar a escola de sua função tradicional de transmitir conhecimentos. Na Modernidade, ela foi a maior responsável pelo acesso ao saber, atualmente, em uma sociedade considerada Pós-Moderna, esse acesso pode se dar de inúmeras formas. Nesse contexto a escola perdeu seu eixo e consequentemente suas certezas. Apareceram rachaduras e brechas em seu projeto que logo foram detectadas pelo mercado ávido por trabalhadores qualificados. Este sugeriu à escola que sua função, ao invés de transmitir a cultura tradicional, deveria ser formar pessoal qualificado para atender as suas necessidades.

Todas essas mudanças desorganizaram e reorganizaram realidades nas quais a tradição perdeu seu status de verdade a ser transmitida e o professor seu lugar de mestre respeitado. Nas sociedades pluralistas contemporâneas, ao não podermos mais contar com o passado para delinear o presente, somos obrigados a desenhar novos contornos sem ter referências sólidas para contar.

Nesse cenário conturbado, as Políticas Públicas de Educação no Brasil vêm tentando "democratizar" a escola e para isso, abrem suas portas para parcelas da população que antes não podiam frequentá-la. Esses alunos encontram uma escola fragilizada que se sente insegura, até mesmo para lidar com alunos que acreditava conhecer e que se desorganiza, ainda mais, ao ser obrigada a acolher também os que desconhece.

Tentando proteger sua identidade fragilizada a escola não foi capaz de se abrir para conhecer os novos alunos e tentou impor a eles sua cultura, seus valores e suas práticas defasadas. Ao não serem reconhecidos nas suas singularidades, esses indivíduos também não puderam reconhecer uma escola que negava suas identidades. O que presenciamos, então, são batalhas pedagógicas que ferem tanto alunos como professores.

O que fazer com essa nova clientela? Quais os valores, conhecimentos e competências necessárias para que participem de maneira crítica e responsável da sociedade, ao invés de se constituir massa de manobra de governos inescrupulosos que apostam na sua ignorância para se manter no poder?

Essas respostas não podem ser construídas, somente, no âmbito da escola, elas requerem uma discussão mais ampla que abarque a sociedade como um todo que, urgentemente, necessita se posicionar frente ao futuro e fazer. Quais os valores que pretendemos assumir como norteadores de nosso crescimento? Aqueles criados por uma sociedade de consumo hedonista que preconiza os ganhos fáceis e enfatiza que os fins justificam os meios, nem que para isso seja necessário mentir, roubar, destruir, corromper e desrespeitar valores éticos e morais, ou pretendemos gestar outras formas de estar no mundo?

Acredito que estamos frente a uma encruzilhada e dependerá de nossas escolhas a sobrevivência não só da escola, mas de nossa sociedade. Necessitamos aprender a trilhar caminhos que proponham um desenvolvimento sustentado fruto de uma consciência ampliada que se perceba parte de um todo que necessita ser preservado, cuidado para que todos possam sobreviver com dignidade.

Para isso, necessitamos de uma nova escola que também poderá se posicionar como um lugar de acolhimento e preservação das diferentes expressões do ser humano para que em conjunto possamos pensar em construir caminhos possíveis para o desenvolvimento coletivo.

9.13 EDUCAÇÃO COMO VETOR*

* Cristovam Buarque é Professor da Universidade de Brasília e Senador pelo PDT/DF e ex-ministro da Educação.

Pela primeira vez na história, a próxima geração terá menos oportunidades do que seus pais. Para começar, a crise ecológica dificultará a sobrevivência das gerações futuras. O aquecimento global fará a vida menos confortável, a desarticulação do clima levará à escassez de alimentos e água, os recursos naturais ficarão mais raros e o conforto, mais caro.

Além disso, será cada vez mais difícil conseguir emprego e bons salários. O avanço técnico, que trará muitas vantagens para a saúde de quem puder pagar pelo tratamento, vai, ao mesmo tempo, desempregar e exigir alta formação para os que terão emprego. Diante dessas dificuldades, os jovens de hoje têm algumas alternativas.

Alguns, como já acontece, vão cair na marginalidade e usar o crime como forma de compensar sua dificuldade. Seus pais vieram do campo, com pouca instrução e conseguiram emprego graças a cursos simples que permitiram emprego. Agora os empregos são raros e exigem boa formação.

Outros, especialmente de classe média ou média alta, procurarão emigrar para o exterior, como seus pais fizeram, no passado, ao sair do campo para a cidade. Raros serão bem-sucedidos. A maior parte sobreviverá em melhores condições, mas de forma marginal, com subempregos, mesmo remunerados em dólar. Os que ficarem, terão bons empregos, mas sem o padrão de vida dos pais: casas e férias menores, mais bugigangas eletrônicas e muita incerteza.

Os poucos que tiverem oportunidade de bons estudos continuarão aqui e terão uma vida de alto padrão de consumo, participarão da economia global, viverão protegidos por sistemas de segurança e mandarão seus filhos, desde pequenos, estudarem em escolas particulares superprotegidas ou no exterior.

Não são futuros desejados para nenhum dos grupos e, ainda menos, para o Brasil. Por isso, é preciso escolher outra alternativa: lutar politicamente para mudar essa tendência. A saída é o investimento maciço em educação. Fazer uma revolução na educação. Exigir educação de qualidade e garantir a mesma chance para todos. Fazer com que todas as escolas do Brasil tenham a mesma qualidade. A escola da favela, ou do campo, seja equivalente à do condomínio da cidade. Todos os professores bem-remunerados, desde que dedicados, competentes e ensinando numa escola bonita e bem-equipada, onde os jovens saiam do ensino médio preparados, com a mesma chance que os pais tiveram, no passado. Essa é a revolução possível.

O Brasil precisa dessa revolução. Não pode continuar fazendo ajustes, como fizemos na segunda metade do século XIX, reduzindo o sofrimento dos escravos, mas sem fazer a Abolição. No século XX, fizemos um desenvolvimento econômico com base no protecionismo, financeira e tecnologicamente dependente. Avançamos sem mudar. Como se o Brasil tivesse horror às mudanças de rumo, às revoluções.

Chegamos ao século XXI presos entre dois muros: da desigualdade e do atraso. Por mais que a economia cresça, que portos e estradas sejam construídos, o Brasil não vai saltar esses dois muros: continuaremos em uma sociedade brutalmente desigual, violenta e um país atrasado em relação aos países desenvolvidos do mundo.

A história econômica mostra que a economia, por si, não constrói uma sociedade igualitária e desenvolvida. Já não é tempo de uma revolução que subverta a estrutura da economia? Serão necessários muitos anos para que seja formulada uma alternativa radical de mudança social. Entretanto, é possível derrubar os dois muros que nos prendem com uma revolução na educação. Não com pequenos ajustes.

Há anos, fala-se que o Brasil deu um grande passo educacional quando colocou 95% de suas crianças na escola. Mas ninguém diz que aumentamos pouco a percentagem dos que terminam o Ensino Médio, nem que não estamos melhorando a qualidade da formação dos poucos alunos que chegam até o final da educação de base. Concentra-se o discurso no acesso, esquecendo-se o sucesso.

Para o acesso, basta existir uma escola, colocar alguns professores para olhar as crianças, pagar uma bolsa e garantir merenda. Mas as crianças com acesso não terão sucesso, se a escola não tiver qualidade, se o aluno não aprender. Além do acesso, é preciso garantir frequência, assistência, permanência e aprendizado.

Estudos recentes mostram que a probabilidade de um preso brasileiro ter vindo de uma família miserável é o dobro do que para o resto da população. E pessoas com menos de seis anos de estudo têm duas vezes mais chances de estarem presas do que pessoas educadas. Por isso, a desigualdade social tem sido apontada como a principal causa da violência, ao lado da falta de escolaridade.

Até porque os ricos, com seus advogados e influência sobre a polícia e a justiça, terminam escapando da prisão.

Um jovem educado, com futuro assegurado, tem muito menos incentivo para cair no crime; mesmo assim, alguns terminam caindo. Um jovem sem futuro, sem educação para buscar uma alternativa na vida, assistindo à violência maior da abundância ante a miséria, tem um incentivo imediato para aderir à criminalidade; mesmo assim, nem todos caem no crime. E aqueles que tiverem caído devem ser punidos. Porque os pobres são pacíficos, mas a pobreza é violenta em si, e fabricada.

No Brasil, 13% dos adultos são analfabetos, apenas 35% concluem o ensino médio; desses, só a metade tem uma educação básica com qualidade acima da média. Portanto, 82% ficam impedidos de escrever. Todos os livros que escreveriam são queimados antes de escritos. Como se o Brasil fosse um imenso crematório de inteligência.

As consequências são perceptíveis: basta olhar a cara da escola pública no presente para ver a cara do País no futuro. Apesar de nossos quase 200 milhões de cérebros, o quinto maior potencial intelectual do mundo, o Brasil continuará a ser um país periférico na produção de conhecimento. Como a China regrediu intelectualmente depois de Shih Huang Ti; a Alemanha, com Hitler; a Península Ibérica, com a Inquisição, o Brasil está perdendo o potencial de seus cérebros. O resultado já é visível: ineficiência, atraso, violência, desemprego, desigualdade, tolerância com a corrupção e a contravenção. Um país dividido por um muro da desigualdade que separa pobres e ricos; e separado das nações desenvolvidas.

Durante anos, falou-se no "decolar" da economia. Achava-se que para um país ter futuro bastava educar uma elite, um pequeno conjunto de profissionais superiores a serviço da economia. Formamos uma minoria no ensino superior, depois de rejeitar a imensa maioria na educação de base e perdermos o potencial das dezenas de milhões deixadas para trás.

Ou o Brasil se educa ou fracassa ou educamos todos ou não teremos futuro e a desigualdade continuará; ou desenvolvemos um potencial científico-tecnológico, ou ficamos para trás. Se a universidade é a fábrica do futuro, o ensino fundamental é a fábrica da universidade. Sem uma professora primária que lhe tivesse ensinado as primeiras letras e as quatro operações, Albert Einstein não teria se tornado cientista. Nossos prêmios Nobel morreram antes de aprender as quatro operações. Não podemos melhorar a educação superior sem uma educação realmente universal e de qualidade para todos.

Só o pleno desenvolvimento do imenso potencial da energia intelectual dos brasileiros permitirá derrubar o muro do atraso e o muro da desigualdade. Mas isso exige que o horror que sentimos com os estrangeiros que queimavam livros e sábios, seja transferido para nós próprios, incineradores de livros que não foram escritos, de doutores que morreram analfabetos. Incineradores de cérebros.

Além disso, só um povo educado tem plena liberdade de escolha. Seja para escolher seus representantes, seja na hora de adquirir um bem. Isso porque a pessoa tem autonomia para comparar. Até para se divertir é preciso de educação. Não quero dizer com isso que pobre não se diverte, mas a falta de conhecimento faz a pessoa ser ingênua. A educação tem de ser o vetor para retirar a população pobre da pobreza e conseguirmos construir uma sociedade livre e equilibrada.

9.13.1 EDUCAÇÃO VERSUS CONSUMO VERSUS BAIXA RENDA

A educação perece diariamente perante nossos olhos e, com ela, muitas de nossas esperanças, crenças e esforços na construção de um país forte e igualitário.

Os reflexos da atuação artificial do Estado no sistema educacional, ao longo do tempo, são presença constante nos mais diversos segmentos da sociedade.

Na cultura, no esporte, na política e na economia. Surge também de forma intensa, exercendo potencial influência no consumo das classes populares ou consumo de baixa renda.

Os dados apresentados pelo senador Cristovam Buarque, uma das maiores autoridades do país no assunto educação, são prova cabal e irrefutável da influência da educação no direcionamento das compras do consumidor de baixa renda.

> *No Brasil, treze por cento dos adultos são analfabetos, apenas trinta e cinco por cento concluem o ensino médio; desses, só a metade tem uma educação básica com qualidade acima da média. Portanto, oitenta e dois por cento ficam impedidos de escrever.*

Desses 82% da população com precárias condições de ensino, diria que 99% pertencem à parcela economicamente ativa da população de baixa renda, responsável pelo crescimento exponencial do mercado de consumo de bens, produtos e serviços nos últimos anos.

Mais uma vez adverte Cristovam Buarque:

...só um povo educado tem plena liberdade de escolha. Seja para escolher seus representantes, seja na hora de adquirir um bem...

Que grau de liberdade é proporcionado hoje ao consumidor de baixa renda, na hora de adquirir um produto ou serviço? A pobreza de discernimento, a escassez de conhecimentos básicos de matemática, a dificuldade de distinção entre o real e o oferecido ou a afluência de crédito com taxas que chegam a ser 15,16 vezes superiores a inflação.

Essa é a inclusão social das camadas populares na dinâmica do consumo?

Ou o conceito "gafanhoto", de o mais rápido possível tomar tudo o que seja factível e, findos os recursos locais, migrar para outros mercados, deixando para trás danos imprevisíveis?

No mercado de baixa renda a pujança tem impedido a proliferação do efeito gafanhoto.

Mas o mercado é composto de uma história de longo prazo e os índices, indicadores, o poder de compra aliados à forma desordenada e inconsequente de consumo praticada até aqui, podem rapidamente virar o panorama do mercado consumidor de baixa renda.

Uma nação forte depende de uma economia forte, uma economia forte depende de um mercado consumidor maduro e pujante e um mercado consumidor maduro e pujante depende de um consumidor sensato, equilibrado e consciente de suas reais possibilidades e necessidades.

O mercado de consumo de baixa renda é relativamente novo, totalmente ingênuo, imaturo e carente de avaliação própria por parte dos próprios consumidores. E isso só será possível, com o incremento do crédito ao consumo, diminuindo a disparidade social, criando condições de discernimento e escolha para essa parcela da população pela educação.

PARTE 4

INTRODUÇÃO*

* Paulo Godoy, gerente de marketing e relacionamento do Banco Santander e autor com Sérgio Nardi do livro *Marketing para o Varejo de Baixa Renda*.

O mercado de baixa renda evoluiu muito de, 2006, quando publicamos nosso livro e quando iniciamos estudos sobre o mercado em 2002.

Inúmeros "players" entraram e continuam entrando no mercado, apostando "fichas" cada vez mais altas em busca de um retorno satisfatório, perante o consumo popular.

O convite para escrever uma introdução para este novo trabalho do amigo e companheiro de discussões sobre o mercado de baixa renda coincidiu com um momento que há anos não experimentava, férias.

Pra lá de Marrakech...

A primeira parada de minha viagem e posso dizer que a primeira escala ou etapa na evolução do consumo de baixa renda é Marrakech, cidade no sul do Marrocos, conhecida pela beleza de suas montanhas, de seus jardins e pelos seus sabores, cheiros e cores exóticas.

País de maioria muçulmana e governado por um rei. A economia baseia-se na agricultura, na mineração de fosfato e no setor de turismo (uma das principais fontes de receitas externas do país).

O Marrocos é a terceira maior economia da África do Norte, atrás do Egito e da Argélia, e sua inflação está controlada, com tendência declinante.

Mesmo assim, esses pontos positivos não são suficientes para que a pobreza, não seja a dura realidade para a maioria da população. Um marroquino que conheci num café me disse que o salário daqueles que trabalham ali é de aproximadamente EU$150.

Classifico Marrakech como o primeiro estágio na cadeia de consumo de baixa renda, pois a pobreza é latente e o poder de consumo é muito baixo, devido à baixa remuneração dessa parcela da população. O mercado de consumo de baixa renda está adormecido neste instante em Marrocos.

Em se tratando de consumidor o Marrocos, traz à memória semelhanças com a nossa realidade tupiniquim.

Tomando meu chá de hortelã, vendo toda aquela confusão na praça em frente ao café, comecei a refletir se aqueles garçons tinham DVD, TV de tela plana e se suas esposas tinham máquina de lavar, fogão, etc.

Provavelmente não, uma vez que a miséria que presenciei em alguns vilarejos não é reflexo de conforto do gênero e a julgar pelo custo de vida local EU$150 não são suficientes.

Mas e se a TV fosse parcelada em 25 vezes, as coisas poderiam ser diferentes, afinal a parcela caberia nos seus bolsos.

Mulçumanos ou não, o povo marroquino gosta de ver novela e futebol e suas mulheres adorariam não ter de lavar a roupa na mão. Quem abrir a torneira do crédito para esse povo, também poderá trilhar o mesmo sucesso do mercado de baixa renda brasileiro e ficar tão importante quanto o rei daquelas "bandas".

Tio Sam...

No retorno para o Brasil, escala nos EUA, o maior mercado de crédito do planeta.

Incrível como as coisas mudaram nos EUA nos últimos anos. Na TV e no rádio, a maior parte dos comerciais (arriscaria uns 70%) mostram como renegociar dívidas por meio de consultorias.

Os consultores ensinam macetes de como conseguir taxas reduzidas e parcelas que estejam dentro do orçamento mensal do endividado.

Além dos comerciais, vários programas ensinam como controlar gastos domésticos, como luz, telefone, água, etc.

Incrível como o crédito criou um nível de endividamento que está quase fora do controle. Não falo exclusivamente das hipotecas imobiliárias (subprime) e sim do contexto de endividamento geral dos indivíduos, que não conseguem honrar suas parcelas de leasing de veículos e faturas de cartão de crédito. A falência pessoal é fato corriqueiro entre os consumidores americanos.

De volta ao Brasil, a impressão é que o mercado consumidor brasileiro de baixa renda é o meio do caminho entre Marrakech e os Estados Unidos.

Ainda há muita oportunidade para o mercado de baixa renda aqui no Brasil, mas a concessão do crédito pode se tornar uma ameaça, à medida que o nível de endividamento dessa classe chega a patamares insustentáveis no longo prazo.

CAPÍTULO 10

GESTÃO ESTRATÉGICA DE NEGÓCIOS

10.1 UMA VISÃO GENERALISTA DO MERCADO CONSUMIDOR DE BAIXA RENDA

No final dos anos 80 e durante quase toda a década de 90, assistimos à explosão da especialização. Profissionais prestes e outros tantos já inseridos no mercado de trabalho, buscavam nas suas áreas graus altíssimos de especialização.

Com o advento da globalização e a integração mundial das empresas em um cenário político-econômico-administrativo único, interativo e interligado, a agilidade e rapidez das ações passaram à pauta de discussão em todas as empresas que almejam competir na arena econômica, de forma regional ou mundial.

A tomada de decisão dentro das organizações passou por modificações e hoje exige dos profissionais uma visão generalista, uma atuação de forma a integrar todas as áreas, direcionando e convergindo os interesses particulares dos departamentos em interesse comum da empresa.

Não que os especialistas estejam com os dias contados, ainda são parte importante nas organizações, mas, em se tratando de gestão, o generalista assume o seu papel com a maleabilidade e a rapidez necessária para sugerir, implantar e por vezes enterrar mudanças estruturais dentro da corporação.

A gestão estratégica dos negócios sob a ótica generalista passa para além da lição de casa da implementação de missão, visão e valores, cria a necessidade de cuidar da "universalização" da comunicação interna , ou seja, derrubar a departamentalização e construir uma corporação orientada para a estratégia, fazer com que o diferencial competitivo da organização perante o mercado advenha da somatória das forças internas e não do resultado extraordinário propiciado por uma ou duas determinadas áreas.

Uma estratégia sólida de longo prazo não permite coexistir, um departamento de produção forte com uma logística precária, um departamento de vendas extraordinário e um departamento de compras relapso ou ainda um marketing fora da curva com um financeiro negligente.

Nesse ponto a figura do executivo generalista é fundamental, pois a visão macro do ambiente se faz necessária para um realinhamento e atenção especial em dirigir suporte maior ou menor em determinado momento, para algumas áreas, propiciando o equilíbrio necessário dentro da organização.

Essa política generalista contempla a necessidade de avaliação periódica dos mercados e as suas reais possibilidades sob a ótica dos mais diversos fatores. Uma visão ampla de análise de mercado, penetração de consumo, elasticidade da demanda, grau de endividamento, posicionamento da concorrência e fundamentos econômico nacional e internacional.

Com a coleta desses indícios a empresa pode iniciar o processo de criação de indicadores sólidos para a implantação ou expansão de um direcionamento para o mercado.

Nessa parte, a intenção é estimular as empresas e empresários ao exercício em seus ramos de atividade da análise de mercado individualizada, segundo a ótica do seu produto. Entendendo o mercado e viabilidade de expansão ou de inserção de produtos voltados ao consumidor de baixa renda.

O movimento de expansão do mercado consumidor de baixa renda nos últimos anos é sem precedentes, sugerindo que se perpetuem de forma inexaurível.

Mas algumas experiências e variações econômicas indicam um patamar limitador para diversas ações focadas no consumidor de baixa renda.

A gestão estratégica de negócios com uma visão ampla e generalista do mercado será importante e definirá, a partir de agora, a perpetuação ou a inserção de novos casos de sucesso no ambiente de consumo de baixa renda. Poderá também ser fator decisor no retrocesso ou fracasso de muitas corporações e produtos, que se arriscarem no mercado de baixa renda sem minuciosa análise do meio, do momento econômico e do atual estágio de consumo das populações menos favorecidas.

Instigar o pensamento, a análise, a reflexão e a indagação é a proposta a partir de agora. Um convite a um olhar diferente e geral do mercado consumidor de baixa renda. O outro lado da moeda.

10.2 ANÁLISE DE MERCADO

A análise de mercado é instrumento básico para a definição de políticas voltadas para o consumo de baixa renda.

Dentro desse cenário de mercado existem inúmeras necessidades a ser estudadas, algumas mais específicas, outras menos.

Alguns fatores são fundamentais na construção de políticas comerciais voltadas ao consumo de massa. Merecem análise aprofundada, pois, ao longo dos últimos anos, se mostraram eficientes e eficazes em antever, aproximar e finalizar vendas ao mercado de público de baixa renda.

10.2.1 DELTA T

O Delta T representa o espaço de tempo de maturação de um determinado mercado, onde um produto ou uma empresa já vem atuando de forma satisfatória dentro de um segmento consumidor de baixa renda.

Antes de estabelecer uma estratégia de inserção ou de ampliação de penetração de um produto no mercado de baixa renda, deve-se avaliar quanto tempo a concorrência está estabelecida nesse mercado e seu desempenho naquele momento.

O consumidor tende a optar no momento da compra por produtos ou estabelecimentos, que primeiro lhes dispensaram atenção.

Ser bem atendido e tratado como "cidadão de primeira categoria" por determinado produto ou empresa, antes da concorrência estabelecer-se no mercado, cria um laço de gratidão e fidelidade do consumidor de baixa renda que pode se tornar fator limitador para o estabelecimento da concorrência.

O consumidor de baixa renda prefere, no momento da compra, a segurança de consumir um produto ou serviço que já conhece ao risco de inovar e experimentar uma nova oferta similar de produto.

No mercado consumidor de baixa renda, a máxima os últimos serão os primeiros, não se aplica, mas sim quem chegar primeiro. Assim é preciso estabelecer um relacionamento o mais veloz possível, a fim de criar empatia para solidificar uma posição confortável, na memória de compra do consumidor.

Chegar ao mercado "atrasado" significa esforços significativos em diversas áreas, para estabelecer uma marca, produto, serviço ou empresa. A relação investimento versus retorno deve ser bem avaliada pela empresa, para entender se o gasto para o estabelecimento do produto ou serviço no mercado de maneira lucrativa estará abaixo do retorno previsto, considerando-se a previsão de faturamento e o tempo de "vida" lucrativo para esse segmento, como mostra a equação

$$\text{Produto baixa renda} = \text{Investimento} < \text{Retorno do Investimento} * \text{A Previsão de "vida" do mercado}$$

onde retorno do investimento * previsão de "vida" do mercado = Delta T

10.2.2 QUANTIFICAÇÃO DA CONCORRÊNCIA

Como em outros mercados, na baixa renda também se faz necessária a análise quantitativa da concorrência, o levantamento do número de empresas ou produtos similares que já estão à disposição do consumidor.

Mediante esses números e análises cruzadas, a empresa pode mapear o grau de saturação do mercado para determinado produto ou serviço do ponto de vista da concorrência.

Nos últimos anos, a Casas Bahia reinou absoluta e soberana junto ao consumidor de baixa renda e os poucos movimentos da concorrência ocorriam em áreas não conflitantes, caso da Magazine Luiza, que tinha foco no interior do Estado de São Paulo, evitando disputa direta pelas praças já estabelecidas.

Os constantes resultados aferidos pelos Klein e a fascinação dos números no balanço da empresa despertaram a atenção da concorrência para esse modelo de negócio.

A concorrência a cada dia torna-se mais acirrada e feroz no disputado mercado dos eletroeletrônicos e concorrentes de peso adentraram a arena do consumo popular.

A expansão da Casas Bahia e do próprio Magazine Luiza, que planeja a abertura de mais 50 lojas, vem de encontro à instalação do Baú Crediário, do Grupo Silvio Santos, atualmente com 10 lojas e previsão para os próximos 5 anos de abertura de mais de 250 pontos de venda, e da Elektra, do milionário mexicano Ricardo Salinas Pliego, que promete injeção de US$ 3 bilhões até 2011 e abertura de 2.000 pontos de venda da rede.

Soma-se a isso o fôlego que outras redes adquiriram no período com a expansão da baixa renda, como Lojas Cem, Pernambucanas e Ponto Frio e a disposição dos grandes varejistas do setor alimentício, como Carrefour e Extra, de abocanhar uma fatia considerável do mercado consumidor de móveis e eletroeletrônicos focados na baixa renda pela utilização de seus pontos de venda e da força e prestígio que a marca tem perante esse consumidor.

Essa disputa de gigantes aponta a necessidade de quantificar a concorrência e a sua força perante o mercado consumidor de baixa renda para estabelecer estratégias focadas nesse mercado.

10.2.3 FOCO DO CONSUMO DE BAIXA RENDA

O mercado de consumo voltado à baixa renda nos últimos anos propiciou ganhos exponenciais às empresas que nele investiu.

Nos últimos anos, muitas empresas, em busca do pote de ouro no fim do arco-íris, negligenciaram um ponto importante do planejamento estratégico, o foco, lançando no mercado produtos voltados a esse segmento, de maneira aleatória e precipitada, com técnicas e planos inadequados.

Descuidaram-se da análise de aspectos básicos, como a pesquisa de mercado, o entendimento das necessidades do consumidor, a viabilidade para o produto, entre outros.

Diversas empresas guinaram o seu foco de atuação e perderam a identidade.

Muitas não conseguiram a penetração desejada na baixa renda e tiveram perdas significativas de *share* em seus mercados já consolidados.

A divisão do foco, a fim de atingir mercados distintos, se dá pela cisão da empresa em duas, ou seja, cada departamento deve agir de maneira independente e distinta para cada mercado, o que exige esforços conjuntos de investimento e pessoal.

O foco é a característica pela qual o mercado reconhece o padrão de produtos voltados a um determinado segmento da sociedade.

Quando altera esse padrão, a empresa corre o risco de perder a identidade e entrar em uma zona de limbo, não conseguindo agradar nem a um mercado nem a outro, pois transporta vícios de um para o outro.

A gestão estratégica "vencedora" é posicionada e consolidada por um planejamento de longo prazo, onde aspectos passados são base de referência, aspectos presentes se fazem relevantes e aspectos futuros são projetados e analisados, para possibilitar a construção de cenários que reflitam a escolha de posicionamentos de mercado duradouros e otimizados do ponto de vista do retorno do capital.

Mesmo com o potencial de mercado apresentado pela baixa renda e ganhos auferidos por determinadas empresas ao longo dos últimos anos, nem sempre o foco de uma organização deve dirigir-se para a baixa renda. Outras estratégias podem revelar-se satisfatórias e interessantes as organizações.

10.2.4 O CONTRAPONTO

Enquanto empresas, durante o boom de consumo da baixa renda, estão redirecionando foco e esforços, a fim de participar desse mercado de consumo, outras, em plena euforia do consumo da baixa renda, descontinuam seus produtos para essa parcela da população e estabelecem políticas corporativas voltadas ao segmento de alto luxo ou mercado *premium*.

O produto em si pode tornar-se um obstáculo de inserção no mercado consumidor de baixa renda. O regionalismo e a tradição ou até mesmo a preferência e o gosto popular são indicadores fortes de aceitação ou não de um produto.

No setor de bebidas, a capacidade instalada das cervejarias não tem conseguido atender a demanda crescente pela preferência nacional, a cerveja.

Em 2008, segundo projeções, o crescimento para o setor de cervejas está na faixa de 6 a 8%, o que impulsiona a indústria e a concorrência a um forte movimento de investimento no aumento da capacidade produtiva. A Ambev e a Schincariol investiram no ano cerca de R$ 1 bilhão cada uma em novas unidades fabris e em aquisições no setor. (*Estado de São Paulo*, 04/08)

Esse resultado se deve, em grande parte, ao grande aumento de consumo dessa bebida nas camadas mais populares.

Outro caso que teve a demanda multiplicada nos últimos tempos é a tradicional cachaça, bebida destilada, preferencial da faixa de consumo de baixa renda.

Polarizando com esses aumentos expressivos de demanda no setor de bebidas, encontramos alguns produtos a margem do consumo, na faixa de poder aquisitivo referente a baixa renda e com enormes dificuldades de inserção nesse mercado.

A vodca, o uísque e os licores não conseguem penetração suficiente nesse mercado de consumo, que justifiquem investimentos ou políticas especiais de atendimento.

O paladar e a tradição contam a favor da cerveja e da cachaça. Já imaginaram um churrasco com uísque ou a tradicional pinga com limão trocada por uma dose gelada de vodca?!

Outro produto é o chocolate que, devido ao regionalismo do consumidor, não conseguiu penetração suficiente para enfrentar a concorrência do produto local.

Destacado fator na opção de adoção da estratégia *premium* é o tamanho do mercado. A base de potenciais clientes da base da pirâmide é muito superior à base da alta renda.

A maior densidade demográfica permite uma estratégia mais focada, otimização de recursos e esforços no intuito de atingir os consumidores. O nicho de mercado da alta ou até ainda pela altíssima renda permite que empresas menores e com menor escala atendam uma parcela de consumidores de forma mais direta, pessoal e customizada proporcionando exclusividade e diferenciais sociais aos produtos.

Atenção ainda deve ser dada à margem de lucro, que um produto pode atingir em um mercado.

No consumo de baixa renda as margens são mínimas e os ganhos se dão pelo volume negociado. No mercado do luxo, as margens de lucro são significativamente altas e a venda está centrada no unitário.

É importante salientar que, mesmo existindo um mercado latente batendo à porta, nem todos os produtos nem todas as empresas estão preparadas para atender o mercado de consumo de baixa renda.

CAPÍTULO 11

AS SEMPRE NOVAS FERRAMENTAS DE MARKETING

11.1 AS SEMPRE NOVAS FERRAMENTAS DE MARKETING E COMUNICAÇÃO PARA O CONSUMIDOR DE BAIXA RENDA

A proposta de algumas técnicas não significa nenhuma nova onda ou teoria revolucionária de marketing para o setor, apenas indicações de ferramentas que vêm obtendo resultados satisfatórios perante o público de baixa renda. Algumas ferramentas ainda não estão sendo usadas em larga escala, mas podem tornar-se diferenciais interessantes para o direcionamento de compra dessa faixa de consumo. A implantação de qualquer técnica exige a análise de fatores como porte da empresa, disponibilidade de caixa e capacidade produtiva e de logística, entre outros.

11.1.1 ATENDIMENTO

O atendimento, ao longo do tempo, pode ser considerado muito abaixo da média em relação a outras ferramentas e estratégias de marketing e vendas.

Apenas nos últimos anos, o atendimento ao cliente tem recebido maior atenção embora os meios utilizados sejam inócuos ou equivocados.

Apesar de presumivelmente simples e de todas as pessoas julgarem estar preparadas para aplicá-la, na prática e no desempenho dos profissionais e das empresas, no trato com os clientes, é que percebemos a complexidade da ferramenta atendimento.

O atendimento, além de ferramenta de marketing é sobretudo uma solução em vendas, pois quanto maior o entendimento de sua complexidade melhor o desempenho do profissional e do resultado em vendas.

Qualquer estratégia de vendas ou de marketing inicia pelo atendimento, o que significa dizer que todas as pessoas da organização que tenham exposição ao cliente devem estar treinadas e orientadas a desempenhá-lo de maneira otimizada.

O reconhecimento da ferramenta atendimento vem ocorrendo, mas em um processo lento e gradativo. As empresas não a "descobriram" como um diferencial competitivo de mercado e ainda a utilizam apenas como um meio de negociação entre cliente e produto.

O atendimento tem sido até aqui um diferencial importante para o varejo na disputa pela atenção e pelo bolso do consumidor de baixa renda

Com o estreitamento do mercado e o aumento significativo da concorrência, algumas técnicas são facilmente clonadas de forma ostensiva, anulando seu caráter diferencial perante o mercado.

Já o atendimento é imune a uma completa clonagem, uma vez que envolve pessoas e muito treinamento, variando sensivelmente de estabelecimento para estabelecimento, conforme a política da empresa, grau de treinamento, motivação dos funcionários, entre outros aspectos intangíveis que uma empresa pode criar.

11.1.2 VENDA PORTA A PORTA

Venda porta a porta ou venda direta, é a que ocorre no corpo a corpo, onde o vendedor vai ao encontro do cliente onde ele estiver.

É o processo pelo qual o vendedor cria a demanda conforme a necessidade imediata e momentânea de determinado cliente.

Introduzida no Brasil há quase 50 anos pela Avon, através da campanha publicitária "Avon Chama", desde 1999 vem crescendo na ordem de dois dígitos por ano.

A venda direta no mundo já supera US$ 100 bilhões de dólares e no Brasil cerca de R$ 15 bilhões, por uma legião de mais de 1,6 milhões de revendedores (Valor Setorial, 02/07).

Seu crescimento no Brasil, em 2006, foi de 18%, número que coloca o país como o quinto maior do mundo nessa modalidade de venda.

A venda direta passa por um processo de transição. Realizada pelos revendedores na casa das clientes, vem perdendo espaço sistematicamente, devido à mulher passar mais tempo fora de casa, trabalhando.

A alternativa às visitas presenciais às clientes tem sido a venda através do catálogo, que tem um efeito de vitrine para o consumidor e pode ser deixado pelo revendedor na residência do comprador para que, na melhor hora e da melhor maneira, possa calmamente folhear as opções e efetuar os pedidos.

As empresas em média renovam os seus instrumentos de venda a cada 15 dias, dinamizando e maximizando oportunidades como Natal, Páscoa, Dia das Mães e Dia dos Namorados, entre outras.

A venda porta a porta voltada à baixa renda pode tornar-se uma ferramenta de destaque de uma empresa em relação a outra.

Conquistada a confiança do consumidor, este se torna fiel à empresa, loja, produto ou pessoa.

O contato pessoal é vantagem significativa para o vendedor, que com o passar do tempo, terá intimidade com o cliente, fator indispensável para a perpetuação das vendas.

O custo da venda porta a porta deve ser analisado caso a caso e, principalmente, a sua viabilidade.

As características da venda direta são a praticidade e a comodidade, o consumidor, pode efetuar do sofá de casa o pedido, e recebê-lo no seu domicílio. Com redução sensível de custos de transporte e tempo de locomoção.

11.1.3 BRANDING

Branding é o conjunto de ferramentas para dar visibilidade a uma marca.

No atual estágio de consumo de baixa renda, o branding, ou seja, um conjunto de ações que visam criar maior grau de intimidade e relacionamento entre consumidor e marca/produto são importantes.

Uma política de fortalecimento de marca vai muito além de fortalecer a imagem de um logo. Marca é produto, procedimento, padrão de atendimento e processos, com que o consumidor passa a se identificar, levando-o à opção por determinada marca ou produto.

A política de marcas é sobretudo criar facilidades para a empresa, reduzir custos de vendas, reter profissionais, captar pessoal e principalmente fidelizar o cliente.

No mercado popular o reconhecimento do consumidor de baixa renda como merecedor de atenção e confiança facilita a aproximação e criação de uma política de marca para essa fatia de mercado.

Derrubada a barreira da desconfiança e preconceito a gestão do branding torna-se um caminho rápido na consolidação de um relacionamento duradouro entre as partes.

11.1.4 DIVERSIFICAÇÃO

Os modelos de vendas e técnicas de marketing a cada dia tornam-se obsoletos ou a concorrência procura copiar ações positivas de outras empresas, para neutralizar seu diferencial perante o consumidor.

Assim, é preciso investir em ações de diversificação em todas as fases do processo de venda para o consumidor de baixa renda.

Diversificar significa investimento em encantamento, no imaginário popular, tornar a empresa uma máquina de sonhos, derrubar paradigmas e conceitos preestabelecidos, ousar, inovar continuamente, procurando sempre surpreender o consumidor em todas as fases do processo de compra.

Encontrar formas modernas e interessantes de apresentar o produto ao cliente.

Criar relacionamentos extra vendas implica acessar constantemente a base de dados de clientes, mesmo os clientes inativos, com promoções não necessariamente atreladas à venda ou a uma oferta de produtos.

Fazer da experimentação uma experiência única para o consumidor de baixa renda dentro da loja, promovendo degustações e apresentações ou em outros locais, como shows, jogos de futebol, festas populares e centros de compra.

Diversificação é a procura constante de destaque da empresa ou do produto, através de técnicas e ações inovadoras e pioneiras com o intuito de encantar e deslumbrar o cliente.

CAPÍTULO 12

POTENCIAIS RISCOS DO MERCADO

12.1 INDÍCIOS DO MERCADO

Os poucos anos de consumo da população de baixa renda, de 2000 até agora, possibilitaram a criação de um pequeno banco de dados de informações sobre suas peculiaridades, fraquezas e entendimentos, entre outros.

A análise desses dados aponta possibilidades para o pleno desenvolvimento do consumo de baixa renda em determinadas situações.

Indícios de ordem pessoal, corporativa, educacional, psicológica são pistas que devem levar o empresário a uma análise aprofundada de viabilidade e capacidade de expansão do negócio em determinados nichos de mercado, algumas análises e indícios são apresentados a seguir.

12.1.1 A PARCELA DENTRO DA PARCELA

Uma das grandes dificuldades do consumidor de baixa renda é o raciocínio matemático para administrar suas compras, produzindo situações limite que geram comprometimento total ou parcial em honrar as suas dívidas.

A dificuldade de avaliar os juros e os preços reais dos produtos pelo financiamento leva-o a uma simplificação do procedimento e avaliação da capacidade de compra.

Dependendo do tamanho, a parcela, encaixa-se no orçamento familiar e, portanto, é viável sua compra, desprezando qualquer outro aspecto de avaliação.

Esse tipo de avaliação apesar de rudimentar e incerto, funcionava, pois o grau de endividamento dessa parcela da população era praticamente nulo.

O consumidor de baixa renda passou a "colecionar" prestações e o tamanho da parcela, não a torna mais viável e seguro, como no início do ciclo de consumo.

A nova conta mínima, mesmo que básica e arcaica, deveria ser a soma das prestações versus o orçamento familiar.

Entretanto mais uma vez pela baixa qualidade da educação e nível escolar, a avaliação continua sendo feita apenas pelo tamanho da parcela e não pela soma total.

Esse círculo vicioso de consumo inconsequente está gerando um aumento no nível de inadimplência e incapacidade temporária de consumo desses cidadãos, como mostra a equação.

Orçamento Familiar < ou = Prestação + Prestação + Prestação...

Prestação + Prestação + Prestação... = Endividamento Familiar

Endividamento familiar inversamente proporcional a capacidade de consumo.

As inúmeras ofertas de crédito, refinanciamentos e o bombardeio constante da mídia impulsionam o cidadão de baixa renda ao consumo, levando inúmeros casos de endividamentos muito acima das possibilidades de consumo e da capacidade de pagamento das dívidas adquiridas.

Esse processo pode ser chamado de a parcela dentro da parcela.

12.1.2 CRÉDITO A GENTE ESTICA

Já vem de tempos a crença que crédito e pagamentos tendem sempre a serem postergados e pagos como e quando possível.

... Às oito da manhã de 30 de setembro de 1924, em companhia de Austregésilo de Athayde, o jornalista e advogado Assis Chateaubriand entra no prédio de quatro andares de O Jornal, na rua Rodrigo Silva, centro do Rio de Janeiro,

sobe quatro lances de escada e assume o comando do que agora lhe pertence. Nasce o Chatô empresário, futuro rei da imprensa no Brasil. O Jornal é a pedra fundamental do poderoso império que vai construir em velocidade alucinante. Audacioso, jogou o pouco que tinha e também o que não tinha nessa compra. Levantou os recursos só Deus sabe como. Talvez nem ele. Sabe-se que recorreu a amigos, futuros reclames, financiamentos e ao devo não nego, pagarei quando puder. Virou-se.

Pensava assim: "Crédito é mais do que dinheiro. Crédito, a gente estica."

(Couto, Ronaldo Costa Matarazzo, 2004)

O crédito tem grande poder em todos os níveis da sociedade e o seu grande papel é de impulsionador do consumo e do empreendedorismo.

Para o consumidor de baixa renda, o crédito é um gerador de benefícios e oportunidades, mas em contrapartida, a dívida do consumidor de baixa renda será executada sem dó nem piedade pelas empresas credoras, não restando ao consumidor outra saída, a não ser honrar os compromissos assumidos para continuar participando da dinâmica de consumo.

12.1.3 O CONSUMO SUPÉRFLUO

Fator de destaque no consumo das populações mais carentes é a migração para o consumo mais supérfluo e descartável.

O primeiro movimento de consumo foi para os móveis e eletroeletrônicos, setor que dispensou atenção especial nessa faixa de consumidores.

Comprar cama, geladeira, fogão ou micro-ondas financiados em 24 ou 36 meses é prática comum e geradora de benefícios na rotina do dia a dia. No final das prestações, o bem continua servindo a seu fim, que é a comodidade e a facilitação da vida do consumidor.

A expansão do crédito possibilitou incrementar a cesta de produtos e desejos com financiamentos para bens não duráveis e supérfluos, virando mania nacional.

Hoje, o consumidor pode financiar em 15 vezes um tênis, que, provavelmente, não existirá mais antes do término do pagamento das parcelas.

Chegaram a ser financiados em até 99 vezes carros, que desvalorizam ao longo do tempo. Ao final do pagamento do financiamento, o bem adquirido não terá muito valor de revenda.

No financiamento de ovos de Páscoa e presentes de Natal, em 10 ou 12 vezes, o bem deixa de existir logo depois de adquirido, mas a dívida perdura até bem próximo da mesma data no ano seguinte.

O consumo supérfluo tem diminuído sensivelmente a capacidade de endividamento dos consumidores de baixa renda, aproximando-os rápida e perigosamente da faixa de inadimplência.

O posicionamento de um produto supérfluo perante o crédito disponível é importante, pois a tendência do consumidor é honrar primeiro as prestações dos bens menos supérfluos e com menor possibilidade de oferta no mercado.

12.1.4 CANIBALIZAÇÃO

À medida que o mercado se desenvolve e atrai mais players para a "arena" competitiva do consumo popular, a tendência é que o nível de concorrência aumente gerando mais benefícios ao consumidor.

Um dos pilares da política de vendas para a baixa renda é a alta margem de juros praticados nas operações financeiras.

Em diversos casos o negócio não é a venda de produtos ou serviços voltados a baixa renda, mas o lucro e o giro financeiro propiciado pelas operações de financiamento.

Devido a concorrência, diferenciais serão necessários para atrair a atenção e flertar com o bolso do consumidor de baixa renda.

Em diversos setores ocorre a canibalização das empresas, pelo desespero em manter números significativos de rendimento.

Ferramentas, como alongamento excessivo de prazos e diminuição sensível nos índices de juros cobrados, serão armas com poder de fogo para neutralizar os efeitos produzidos pela concorrência crescente no mercado.

O alongamento de prazos e redução de juros deverão ser cirurgicamente costurados, pois impactarão diretamente nos resultados operacionais de longo prazo das instituições.

12.1.5 FÔLEGO FINANCEIRO

O fôlego financeiro das instituições é essencial para a continuidade e perpetuação de acesso ao crédito do consumidor de baixa renda, como também o respaldo monetário, para absorver índices de inadimplência com perspectivas crescentes, enfrentamento da concorrência e turbulências de ordem econômica nacional ou internacional.

Mais uma vez o setor de eletroeletrônicos prenuncia a tendência do mercado e todas as empresas devem estar alinhadas ou são parceiras de instituições financeiras fortes, capazes de respaldar operações vultosas de crédito voltados a baixa renda.

Casas Bahia e Bradesco, Baú Crediário e Banco Panamericano e Lojas Elektra e Banco Azteca, mostram a real dimensão do respaldo e a possibilidade de interação com o risco, na busca do mercado consumidor de baixa renda.

12.1.6 ERRO DE CÁLCULO

Dentro do mercado imobiliário percebe-se movimento semelhante ao do varejo: erro primário de cálculo.

Incentivados pela dilatação dos financiamentos para 30 anos, pela Caixa Econômica Federal, os mutuários saíram em busca da casa própria.

O aumento do número de financiamentos segue a um aumento no número de inadimplência nos condomínios dos imóveis adquiridos.

O mutuário, ao financiar a casa própria, preocupado com o valor da prestação, acaba por se surpreender com as despesas indiretas da aquisição.

O IPTU e o condomínio passam a ser os vilões da história e as dificuldades em honrar tantos compromissos fazem com que o mutuário entre em inadimplência já nos primeiros meses de ocupação do imóvel.

No setor de construção civil imóveis na faixa de R$ 80 mil à R$ 150 mil são considerados de padrão baixa renda, abaixo desse teto os imóveis recebem linhas de financiamento e subsídios do governo.

12.1.7 SEGMENTOS E PRODUTOS MAIS SENSÍVEIS

Dentro do portfólio de produtos e serviços oferecidos para o consumidor de baixa renda, existem casos de sensibilidade maior ou menor à inadimplência.

O consumidor de baixa renda prioriza o pagamento de bens e produtos relacionados às necessidades básicas, como alimentos e vestuário. Depois a prioridade passa a ser os estabelecimentos onde ele entende que irá voltar a comprar e que lhe ofereceram facilidades anteriormente, os supérfluos ficam na escala final de prioridades de pagamentos.

Em entrevista a uma revista do segmento de instrumentos musicais, foi solicitada uma consultoria para demonstrar a força do mercado consumidor de baixa renda e seu potencial de consumo. A idéia da reportagem era abrir o leque de possibilidades de venda de instrumentos musicais a essa faixa da população e entender se havia viabilidade de acrescentar instrumentos musicais mais sofisticados à cesta de produtos desse consumidor.

A resposta é que todo setor de negócios tem a possibilidade de se apropriar de uma parcela do consumo da população de baixa renda, bastando viabilizar financiamentos e número de parcelas que tornem as prestações baixas e dentro das possibilidades dessa parcela da população.

Deve-se ter em mente o grau de sensibilidade do produto instrumento musical junto ao consumidor de baixa renda. Em caso de ter de optar por deixar de pagar uma de suas muitas prestações, qual será a primeira candidata à inadimplência? A prestação referente a itens menos básicos ao dia a dia do consumidor e os mais distantes na relação de desejos dessa parcela da população.

Qual a real necessidade de um instrumento musical? Quantas vezes o consumidor voltará à loja para comprar ou negociar outro produto? Quais as consequências de deixar de pagar aquele carnê?

No atual estágio do consumo de baixa renda, todo produto tem grande possibilidade de aceitação, mas atenção especial deve ser dada a seu grau de sensibilidade para o consumidor.

12.1.8 PERCEPÇÃO DAS PESQUISAS VERSUS REALIDADE DE CONSUMO

O consumidor de baixa renda é pauta do momento e assunto recorrente nas discussões dentro das empresas. Em decorrência disso uma avalanche de pesquisas proliferam no mercado, analisando os mais diversos aspectos do consumo, tendências, atitudes e desejos do consumidor de baixa renda, que, muitas vezes, não o reflexo da interação do consumidor de baixa renda com o mercado.

Os números das pesquisas devem ser cruzados com a realidade dos fatos e histórico de consumo, para chegar a um resultado mais preciso e um direcionamento mais coerente com a realidade do consumidor de baixa renda.

Pesquisas voltadas à apuração de itens que o público de baixa renda deseja consumir e preferência por estabelecimentos ou produtos podem construir cenários reais, disponibilizando para as empresas informações concretas e muito próximas da realidade.

Já o grau de endividamento, a forma de pagamento, o nível de poupança e a consciência de consumo necessitam de apuração mais aguçada e um cruzamento de informações com a realidade de consumo.

Na pesquisa realizada no livro *Marketing para o Varejo de Baixa Renda*, nenhum consumidor admitia a hipótese de ser influenciado pela propaganda no momento de decidir a compra, adotando como único parâmetro pagar sempre o menor preço.

Os resultados provaram que, apesar da coerência, as respostas, não refletiam a realidade, pois fatores alheios à vontade do consumidor influenciavam inconscientemente a opção no momento da compra, como o baixo nível escolar, a massificação da propaganda e a necessidade de demonstrar, "consciência e responsabilidade" forçada, para não receber o rótulo de tolo perante os outros.

Toda pesquisa sobre elasticidade, nível de endividamento e postura financeira do consumidor de baixa renda deve ser avaliada em mais de um aspecto, não apenas o levantamento primário dos dados e tabulação. Suas conclusões podem refletir distorções importantes no médio e longo prazo nas estratégias de venda focadas no consumo de baixa renda.

12.2 ECONOMIA

Diversos fatores podem exercer influência na gestão estratégica voltada ao consumo popular, mas nenhum deles está tão umbilicalmente atrelado aos resultados positivos nesse mercado nos últimos anos como a economia.

O mercado consumidor de baixa renda surgiu após a estabilização da moeda com o Plano Real.

O poder de compra e a força do mercado ainda estão solidamente alicerçados nos fundamentos econômicos e na política monetária do governo.

Isso significa dizer que toda gestão estratégica voltada ao consumo de baixa renda deve dar atenção especial e diferenciada para os movimentos econômicos nacionais e internacionais.

12.2.1 INVESTMENT GRADE ANTES DA CRISE

Investmente grade ou grau de investimento é a recomendação das agências internacionais aos investidores em relação à capacidade de um país honrar seus compromissos.

Em abril de 2008, o Brasil recebeu da Agência Standard & Poor's a recomendação BBB –, o que significa dizer que o Brasil, a partir daquele momento, é considerado um país seguro para se investir.

Com o grau de classificação ocorreu a entrada de fluxo de capitais de fundos estrangeiros que só tem permissão de investimento em países com essa recomendação.

O novo patamar fez com que as bolsas brasileiras disparassem e o dólar despencasse a patamares não vistos há muitos anos.

A classificação da agência Standard & Poor's reforça a pujança da economia brasileira, a estabilidade monetária e o crescente acúmulo de reservas cambiais que atingem em 2008 a ordem de U$ 200 bilhões.

Com investimento no país, maior a disponibilidade de crédito para fomentar o consumo das classes populares.

O único viés de preocupação é que qualquer turbulência econômica capaz de sacudir a ordem econômica mundial ou nacional provocará um movimento contrário à condição de grau de investimento.

Movimento este que ocorreu com a crise americana poucos meses depois de conquistado o grau de investimento e que vem, desde então aturdindo a compreensão dos investidores ao redor do globo.

12.2.2 PREMONIÇÕES OU ANÁLISES REAIS DO MERCADO

Desde 2007, quando a instabilidade e as incertezas se instauraram no dia a dia da economia mundial, devido à crise *subprime* americana, muitas foram as análises de especialistas a respeito do assunto.

A única convergência existente dentro de todas essas análises foi o completo desencontro de opiniões e informações. Parcela dos analistas previam riscos e desaceleração no longo prazo refletindo temores de um agravamento da crise, enquanto considerável parcela dos críticos atestavam que a situação econômica e política mundial era sólida e que as turbulências provocadas pelo *subprime* até então, não passavam de tormentas de verão, forte, assustadora mas rápida o suficiente para oferecer riscos apenas para os alarmados e desesperados de plantão.

Antes mesmo do Brasil receber o grau de investimento optei por fazer coro com as análises pessimistas e que alertavam o mercado para uma crise de proporções mundiais e seus reflexos maléficos para o consumo popular no Brasil.

> *Na volta de uma reunião com o pessoal do Citibank, onde estive com o Bill Clinton e o Felipe González, disse que a situação não era boa nos Estados Unidos. Em Providence, cidade americana do tamanho de Bauru, vi o anúncio no jornal: um mapa com bandeirinhas mostrando as 800 casas que iam a leilão. Oitocentas! Ora, se isso não é recessão, é o quê?*
>
> Fernando Henrique Cardoso em entrevista
> ao caderno Aliás, 13/01/2008

> *A crise financeira em curso é basicamente uma versão atualizada da onda que varreu a nação há três gerações. As pessoas não estão tirando dinheiro de bancos para colocar embaixo do colchão, fazem o equivalente moderno disso: tiram o dinheiro do sistema bancário paralelo para aplicar em letras do Tesouro. O resultado, tanto agora como então, é um círculo vicioso de contração financeira.*
>
> *Bernanke e seus colegas do FED estão fazendo tudo que podem para acabar com esse círculo vicioso. Só podemos torcer para que eles tenham sucesso. Caso contrário, os próximos anos serão muito desagradáveis – não uma outra Grande Depressão, mas com certeza, a pior recessão que vimos em décadas.*
>
> Paul Krugman, no Estado de São Paulo, 22/03/2008

Tem um furacão se armando lá fora. E o Brasil vai se sair bem se estiver preparado e acabar com essa palhaçada, essa bobagem de dizer que está a salvo. Vamos ser afetados pela crise porque, se a situação se agravar lá fora, o pessoal vai embora para cobrir perdas no exterior. A estimativa é de perdas de US$ 600 bilhões, algumas pessoas falam em US$ 1 trilhão.....

Alberto Tamer, para o *Estado de São Paulo*, 16/03/2008

Num mundo de economias interligadas, o contágio da crise vem. Torna-se apenas uma questão de grau.

José Júlio Senna, ex-diretor do BC em 1985, para o caderno *Aliás*, 23/03/2008.

Apesar do discurso governamental no início da crise de confiança gerada pelas hipotecas americanas darem conta que o Brasil seria uma ilha de estabilidade, o contágio foi inevitável e previsível frente a enxurrada de más notícias que inundaram o mercado financeiro global.

A única questão, conforme frase de Júlio Senna é tentarmos definir precisamente o grau de contágio e se os sintomas podem estabilizar no curto, médio ou longo prazo.

12.2.3 SOLAVANCO INTERNACIONAL

As incertezas perante o tamanho da crise americana e a real importância das hipotecas *subprime* na economia mundial percorreram e foram protagonistas de pequenos sustos ao longo de 2007 e início de 2008, mas os reflexos micro e macroeconômicos davam sustentação ao grupo de otimistas que previra que as consequências da tormenta seriam rápidas e passageiras.

Mas a partir do segundo semestre de 2008, o "tempo fechou" e o que antes era para ser uma tempestade de verão, se tornou um dilúvio incessante de más notícias, bombardeando ininterruptamente o mercado econômico e financeiro mundial, de uma vez só e com uma força sem precedentes. A situação passou de tranquilidade desconfiada, imediatamente para um desespero irracional, a cada dia investidores saíam de suas posições para cobrir prejuízos ou minimizar ao máximo as perdas, gerando uma crise de confiança no mercado e na economia sem precedentes.

As hipotecas americanas e as ferramentas derivativas provenientes dela, que foram a grande vedete do mercado financeiro americano e mundial nos últimos anos, em poucos dias transformaram-se nas grandes vilãs da economia mundial e contribuíram para a bancarrota total ou parcial de empresas até então imaculadas no cenário financeiro internacional, como Goldman Sachs, Morgan Stanley, Lehman Brothers, Merril Lynch, AIG Seguros, Fannie Mae, Fraddie Mac, entre outras.

Os reflexos não se limitaram apenas ao privado, mas também invadiram sem pedir licença, as contas e economias de diversos países. Até novembro de 2008, a ajuda financeira americana de socorro aos mercados superava a cifra de US$ 1 trilhão, países em dificuldades buscavam socorro ao FMI, como a Islândia que recebeu US$ 2 bilhões e bancos centrais ao redor do mundo de todas as formas tentavam estabilizar internamente a suas economias através de injeções maciças de recursos, por exemplo o Japão já havia colocado a disposição de sua economia US$ 273 bilhões.

12.2.4 O BRASIL E A CRISE

Apesar da relutância política de assumir sua participação na crise mundial, com discursos de tranquilidade por parte do governo, inverdades e pérolas mal colocadas, do tipo "o Brasil é uma ilha de estabilidade" ou "isso é apenas um resfriadinho que passa", é certo que a crise nos atingiu.

A economia brasileira está diretamente relacionada à crise americana, sim, e outras tantas que possam surgir, pois devido à nova ordem mundial imposta pela globalização, todo e qualquer problema ao redor do mundo tem reflexos imediatos na economia dos países, principalmente emergentes como o Brasil.

No início de 2008, a Bolsa de Valores de São Paulo havia registrado déficit da ordem de R$ 1,88 bilhões provocado pelos movimentos sísmicos da crise americana do *subprime*. O acumulado de março de 2008, atingia uma perda nas bolsas de valores americanas e da América Latina da ordem de US$ 2 trilhões.

Os efeitos de entrada e saída de capitais nos mercados são manobras frias e calculadas dos investidores, a fim de maximizar os lucros ou, no caso de crise, minimizar as perdas. Qualquer esperança de racionalidade perante políticas econômicas estáveis ou promessas de estabilidade financeira no médio e longo prazo transformam-se em fumaça perante a necessidade de apresentar números satisfatórios aos investidores.

Nesse quesito o Brasil sente a vulnerabilidade do capital especulador aportado no seu mercado acionário. Em janeiro de 2008, estimava-se que 37,4% dos recursos ancorados em empresas na bolsa brasileira eram de estrangeiros, que mantêm um único vínculo com o capital investido no país, o lucro constante.

A situação agravou-se mais no terceiro para o quarto bimestre de 2008 e os efeitos do capital especulador e efeitos da crise americana se fizeram sentir no mercado, até outubro de 2008, as empresas listadas na Bovespa tinham perdido 50% de seu valor em média, algumas empresas viram seu valor de mercado virar fumaça e tiveram desvalorização superiores a 80% no preço de suas ações, caso da construção civil, grandes nomes como Sadia, Aracruz e Votorantim se aventuraram no mercado de derivativos apurando prejuízos que devem ser carregados ao longo de muitos anos ainda.

O desespero, a falta de informação, (esse item na verdade, não é a falta, mas a abundância de informação desencontrada), a precaução imediatamente fizeram com que os juros tivessem uma elevação e os prazos de pagamento inversamente uma diminuição, impactando diretamente em uma redução do consumo e a revisão das previsões futuras.

Imediatamente, perante esse cenário a indústria reduziu no quarto trimestre de 2008 sua produção, seus investimentos, suas projeções e iniciou um processo de contenção de despesas que no médio e longo prazo trará reflexos para a geração de empregos e para a manutenção do nível de consumo.

12.2.5 ANÁLISE ECONÔMICA

Não se trata de pintar um quadro catastrófico para a economia mundial para o mercado consumidor de baixa renda nacional, mas pontuar e ratificar a importância da análise das possibilidades de mercado, segundo os aspectos econômicos internos, e externos que atingem grau de turbulência preocupante.

Os movimentos da economia nacional não são garantias de desempenho satisfatório diante de alterações no cenário econômico internacional.

Pautar a gestão estratégica do negócio pelo ponto de vista macroeconômico não é necessidade, é obrigação de toda instituição responsável e comprometida com os resultados de longo prazo.

12.2.6 CAPITULAÇAO DO MERCADO

Em artigo de outubro de 2008, para o *New York Times*, o recente Nobel de economia Paul Krugman alerta para a capitulação do consumidor americano perante o cenário de crise, em outras palavras o consumidor americano está se rendendo a realidade de endividamento e da necessidade de diminuir o ritmo de compras.

Para se ter uma idéia do ritmo frenético do consumo americano, em meados da década de 80, os americanos tinham uma poupança equivalente a 10% de seus rendimentos, de lá para cá esse número jamais ultrapassou míseros 2% e a dívida do consumidor americano equivale a 98% do PIB norte-americano.

Essa conscientização do consumidor americano é válida e correta, mas em um momento inadequado, pois a diminuição do consumo provocará uma demanda menor que pressionará a economia para um quadro de recessão e para uma possível depressão.

12.2.7 CAPITULAÇAO TUPINIQUIM

Paralelamente o comportamento do consumidor brasileiro deve seguir a mesma regra, apesar do grau de endividamento do brasileiro não ser tão alarmante, quanto dos americanos e o nível de endividamento versus o PIB do Brasil, não ultrapassar a casa dos 50%.

Mas entre outras coisas a crise instalada é de confiança e a tendência do consumidor de uma maneira geral é se desvincular ao máximo do risco, elevando o seu nível de reservas (poupança).

Se o quadro pintado para o cenário econômico nacional é este no geral, teremos então no mercado específico da baixa renda uma retração substancial das compras, pois aliado a desconfiança esse mercado carrega o aumento das taxas de juros, a diminuição e o arrocho na liberação do crédito, somado a prazos de pagamento cada vez mais curtos em virtude da instabilidade dos mercados.

CONSIDERAÇÕES FINAIS

O consumidor de baixa renda apresenta características especiais na dinâmica de compra, que envolvem necessidades, desejos e demandas (Pirâmide de Maslow), e reações emocionais provocadas pelo ato da compra.

A empresa ou produto focado no consumidor de baixa renda precisa entender o contexto desses consumidores, as suas relações e arranjos familiares, o nível de penetração de bens de consumo, as condições e aspectos que fazem parte do dia a dia do consumidor.

Assim é preciso atentar para alguns aspectos:

- *a importância do papel da mulher como decisora da compra.*
- *descartar qualquer preconceito no processo de consumo com a baixa renda por pessoas, produto ou loja.*
- *entender que a velha política do cofrinho também é válida, ou seja, uma ou duas moedas isoladas de nada servem, mas, reunidas no cofrinho têm valor suficiente para a aquisição de um produto ou serviço.*
- *o volume dos negócios voltados à baixa renda é importante para a composição de uma margem de lucro satisfatória.*
- *entendendo como "funciona" o consumidor de baixa renda, é necessário cruzar esse comportamento com produto ou o serviço a oferecer, pois seu comportamento, expectativa e nuances estão mais sensíveis a variações do produto do que à variação comportamental.*

Exemplos e depoimentos apontam a diferença na percepção, desejos e demandas em relação à compra, ao varejo e ao produto.

O capitalismo inclusivo de Prahalad pode estimular a pesquisa sobre erradicação da pobreza e da construção de um modelo capitalista sustentável, mas não sem antes direcionar esforços para o crescimento sustentável do mercado de consumo de baixa renda pela diminuição da disparidade social por meio de um investimento maciço em educação de qualidade, não apenas na inclusão das pessoas na escola.

O ensino básico pode contribuir para maior discernimento do consumidor, aumentando suas possibilidades de escolha, em busca do pleno e contínuo desenvolvimento do mercado, no atual ritmo de crescimento.

A pujança do mercado consumidor de baixa renda é latente, crescente e contínua no curto prazo. Já no médio e longo prazo algumas incertezas tendem a abalar a confiança no ritmo de desenvolvimento desse mercado, o que exige qualidade e novas estratégias.

A inovação é e será sempre fator diferencial no mercado. Algumas ferramentas de marketing têm aceitação e penetração considerável junto ao consumidor de baixa renda, podendo ser indicadores de diferenciação para produtos e serviços nessa nova fase de consumo.

A crise econômica mundial deu novos contornos ao consumidor de baixa renda e algumas questões devem ser avaliadas com o desenvolvimento do mercado a partir do último trimestre de 2008, para uma decisão mais aprofundada do nicho de consumo que o produto ou a empresa desejam atingir.

Quem é baixa renda? A total base da pirâmide de Prahalad ou podemos considerar o padrão IPEA (Instituto de Pesquisa Econômica Aplicada), onde no Brasil, considera o cidadão com renda superior a R$ 2.000,00 como cidadão de classe média?

Os contornos econômicos da crise delinearão o quadro futuro da baixa renda no país e a classe C, principal alvo do comércio de baixa renda exercerá papel importante na definição do mercado.

Caso consiga manter o ritmo, não de consumo, o que será difícil, mas o padrão de vida em relação as suas aspirações e necessidades, segundo a pirâmide de Maslow, podemos considerar que a classe C passa a ser a porta de entrada da classe média e para tal deve ser considerada dentro dos padrões de consumo como tal.

A baixa renda nesse caso, seria composta pelas classes D e E e exigirão tratamento diferenciado em relação ao consumo da classe C.

Os desdobramentos financeiros da crise mundial são incertos e os prognósticos para uma retomada do consumo a níveis anteriores ao segundo semestre de 2008 são incertas, projeta-se de 3 a 10 anos para uma recuperação completa.

O certo é que o mercado "descobriu" o consumidor de baixa renda e este experimentou uma vigorosa experiência de consumo. Portanto, a partir desse momento a ligação entre o consumo e o consumidor de baixa renda será contínua, oscilante, acompanhando a situação econômica, mas definitivamente consolidada e importante para ambas as partes.

A única possibilidade de alijar sensivelmente o consumidor de baixa renda da dinâmica de consumo é a volta da inflação galopante e com ela seus complicados artifícios financeiros de proteção da moeda, inacessíveis a essa parcela da população.

As dificuldades econômicas e a concorrência crescente podem ser aliadas do consumidor de baixa renda no futuro cenário de consumo, a redução da oferta de crédito e a possível redução do consumo podem levar a diminuição das margens de juros extorsivas cobradas até então, deslocando o poder de ganho do campo estritamente financeiro para ganhos de produtividade, eficiência e volumes negociados.

Existe um padrão de consumo baseado em uma ordem econômica vencida, que pode nos ensinar inúmeras lições de como acessar o consumidor de baixa renda, mas a nova ordem econômica provocada pela crise mundial irá requerer de produtos, empresas e profissionais um novo modelo de venda focado no consumo popular.

Sem dúvida essa nova ordem econômica mundial, passa por um crescimento ordenado e consciente por parte de empresas e consumidores, onde a educação exercerá papel crucial e fundamental na construção de médio e longo prazo de políticas voltadas ao mercado em geral e, principalmente, para os mercados da base da pirâmide.

Impõem-se então, a discussão de novos modelos de negócios e das possibilidades de crescimento sustentável do mercado voltado à baixa renda.

REFERÊNCIAS BIBLIOGRÁFICAS

NARDI, Sérgio e Godoy, Paulo. *Marketing para o Varejo de Baixa Renda*. Osasco/SP: Ed. Novo Século, 2006.

OLIVEIRA, Roberto Nascimento Azevedo de. *Marca Própria*, Rio de Janeiro: Ed. Brasport, 2005.

NARDI, Sérgio. *Viva Melhor*. São Paulo: Ed. Ombak, 2007.

FURLANETTO, Ecleide Cunico. *Como nasce um professor*. São Paulo: Ed. Paulus, 2003.

PRAHALAD, C.K. *A Riqueza na Base da Pirâmide*. Tradução Bazán Tecnologia e Linguística. Porto Alegre: Bookman, 2005.

IBGE, *Síntese dos Indicadores Sociais*. Rio de Janeiro: IBGE, 2007.

AWAD, Elias. *Samuel Klein e Casas Bahia*. Ed. Novo Século. Osasco/SP: Ed. Novo Século, 2007.

GORDON, Ian. *Marketing de Relacionamento*. Tradução de Mauro Pinheiro. São Paulo: Ed. Futura, 1998.

LAS CASAS, Alexandre Luzzi. *Administração de Marketing*. São Paulo: Ed. Atlas, 2006.

PARENTE, Juracy. *Varejo para a Baixa Renda*. Porto Alegre: Ed. Bookman, 2008.

KAPLAN, Robert S. *Organização Orientada para a Estratégia*. Tradução Afonso Celso da Cunha Serra. Rio de Janeiro: Ed. Elsevier, 2000 reimpressão 8.

AL RIES e JACK TROUT. *Marketing de Guerra*. Tradução Auriphebo Berrance Simões. São Paulo: Makron Books, 1989.

KOTLER, Philip. *Marketing para o Século XXI*, Tradução Bazán Tecnologia e Linguística. São Paulo: Ed. Futura, 1999.

PORTER, Michel E. *Estratégia Competitiva*. Tradução de Elizabeth Maria de Pinho Braga. Edição 7. Rio de Janeiro: Ed. Campus, 1986.

COUTO, Ronaldo Costa. *Matarazzo*. São Paulo: Ed. Planeta do Brasil. 2004.

KOTLER, Philip. *Marketing*. Tradução H de Barros. São Paulo: Ed. Compacta, 1996.

INFORMAÇÕES SOBRE NOSSAS PUBLICAÇÕES
E ÚLTIMOS LANÇAMENTOS

Cadastre-se no site:

www.novoseculo.com.br

e receba mensalmente nosso boletim eletrônico.